THE MASTER ARCHITECT SERIES

Francesco Coppola
Eclecticism

images
Publishing

Published in Australia in 2013 by
The Images Publishing Group Pty Ltd
ABN 89 059 734 431
6 Bastow Place, Mulgrave, Victoria 3170, Australia
Tel: +61 3 9561 5544 Fax: +61 3 9561 4860
books@imagespublishing.com
www.imagespublishing.com

National Library of Australia Cataloguing-in-Publication entry:

Author: Coppola, Francesco.
Title: Francesco Coppola: eclecticism / Francesco Coppola.
ISBN: 978 1 86470 501 0 (hbk.)
Series: Master architect series.
Subjects: Coppola, Francesco.
                 Eclecticism in architecture – Italy.
Dewey Number: 724.5

Edited by Mandy Herbet

Pre-publishing services by Mission Productions Limited, Hong Kong

Printed on 140 gsm GoldEast Matt Art by Everbest Printing Co. Ltd.,
in Hong Kong/China

IMAGES has included on its website a page for special notices in relation to
this and our other publications. Please visit www.imagespublishing.com.

Contents

Foreword

by Francesco Coppola

I wondered what I could write in order to introduce myself, to describe the basis of how I plan and my creativity, sources of inspiration and ambitions, when I start creating something new. I must admit that this is the part of the book that caused me the most difficulty. People like me, who are more at ease in doing rather than describing the thoughts behind actions, might understand this. Thoughts often give way to images during the planning process. For this reason, translating thoughts into words that are able to convey them is extremely hard work.

I think that since my childhood I felt this inclination, this drive towards beautiful things, together with the wish to change reality, make it better and more similar to my way of feeling. I remember how I enjoyed decorating the small cars with which I used to play, using my mother's nail polish. Of course, she wasn't very happy with that.

I also remember the smoke-filled afternoons I spent at the puppeteer's workshop: he created the famous Sicilian *pupi*, which are the puppets made of wood and tin that were used in small theatres to recount the fantastic adventures of Orlando, Roland and the French Cavaliers. He taught me the tricks of his mastery, the art of the mechanisms that guided the movements of the puppets and the art of decorating them. I used to spend long hours watching him at work spellbound, and when I came back home my clothes stank of smoke. Everytime, my mother had to give me a bath and wash all my clothes, to get rid of that bad smell.

But this is probably my only nostalgic memory. In fact, my relation with Sicily, the land where I was born, has always been difficult, sometimes even unhappy. It is a geographical and biographical link, which was not so strong that I was unable to imagine myself living elsewhere. On the other hand, when I look at my life today, I see some kind of uninterrupted chase for something ideal, a dream, that is not connected to any particular place but only to the dream itself. The place where I was working has always been only in the background, the historical setting of an idea that could exist anywhere and anyhow. My satisfaction when a project was carried out has never been connected to a context, but only to the idea itself or the internal movement that it originated in. Deep down, every creative person is a self-centred person who moves around in the world. Luckily, this self-centredness often leads to something good for everyone: I really hope this is also true in my case.

My desire for experimentation, my natural curiosity for what is new, for arts and its expression in the world, set the scenery for the choices I made in my life, as well as in my profession, through all these years. Strongly believing that it is possible to create beauty and make it tangible, sharable, usable by everyone: this ambition is the first engine of my life. Looking back to the single projects whilst preparing this book, I found in each of them the same main theme, that is the continuous and nearly painful search for crossing the limits, for going beyond what is known: in a word, for *utopia*.

In his book *The Story of Utopias*, Lewis Mumford says that it is *'a very primitive kind of thinking, in which we follow the direction of our desires without taking into account any of the limiting conditions which we should have to confront [...] a vision of a reconstituted environment which is better adapted to the nature and aims of the human beings who dwell within it than the actual one'.*

The search for the *'other'*, that is another place, experience, relation and so on has meant a series of events over the years, that I knowingly read as a challenge to constantly go beyond the status quo. I find this ideal tension in my research for a constant experimentation, in all the planning environments: an uninterrupted challenge, that means putting myself to the test with higher and higher goals. I think that from these *tensions* the most interesting and maybe the most important creations of my career originate. In design, which itself already represents a main research area, I have always taken up the most important, difficult and therefore particularly stimulating challenges.

Striving for a utopian ideal of life to which one's profession should be connected is not always easy, you pay for it. It means that you never accept giving your vision away, it means that you choose your clients not on the basis of their wallets, but on the basis of reciprocal trust and a certain meeting of minds that makes you feel that you are on the same wavelength. It means always following your istinct, rather than the money in your bank account. This is why you pay if you want to stay faithful to your own vision and ideas.

My curiosity in architectural planning has always gone hand in hand with my interest in the world of graphics. For this reason, when in 1982 I was offered the possibility to test myself in this field, as the corporate image manager for Ceramica d'Imola, I did not think twice about accepting it. I left my practices in Sicily, continuing to follow the ongoing projects from a distance until the end, and enthousiastically embraced this big, double challenge: restructuring the new exhibition hall of the company and, at the same time, creating its corporate image. The years of the *Yellow Bee* were very intense, both because they were busy, and because of the creative openness towards the world of communication, which I had always wanted to test myself in.

They were wonderful years, that I always remember with pleasure, and that enhanced my skills in this field. These were the years when I had the aim of using the same method I used in architectural planning, in communication. An exciting challenge, the essence of which was the search for a *guiding principle* in planning, that could be applied to other disciplines, not only architecture, with an attitude for constantly going beyond the stereotypical answers, or referred to already established patterns.

I used to study, analysing the reference models of the time in detail, and tried to find the way to go beyond them, with alternative strategies. These were the years when the most important fashion designers were called upon by the the biggest ceramics companies, to decorate their products. In that same period I created the slogan for Ceramica Imola, *'Beyond brands, forms, fashions'*, that later became a model for the future.

Up to the creation and management of the International Centre for Studies and Experimentation on Ceramics: an extremely stimulating creative experience, which saw the creation of a reasearch area in the fields of architecture, design, craft and art. A big international workshop, which transformed the idea of commissioning, calling on the company to carry out what was elaborated and proposed by the large group of people who took part in the project (100 people, including international architects, designers, artists and ceramic makers).

The intense years that followed would be the basis for the many work relations that were born when, starting from 1985, I left the company, in order to start again with my own planning practice (*Navalia, Design & Creative Consultants*), consulting for many major national and international ceramics companies.

The skills that I gained in this sector also led to the creation of a new specialist magazine, *K-Keramos*, which for the first time dealt with all aspects of ceramics (historic, artistic, industrial etc).

I've never abandoned architectural design, to dedicate myself solely to communication: I certainly can define myself a lucky designer, because I have always had the opportunity to offer my clients skills in both sectors. It is certainly the case, for instance, of the Mercatone Uno group, the Italian department store leader: working together for nearly 20 years in planning the layout of sales points and the communication, that definitely reached a peak in 2000, with the request to plan their new Headquarters at Imola. I am particularly tied to the M1 tower project: this was again a great planning challenge, that had to be completed quickly and obviously successfully.

Nino Migliori and Francesco Coppola, International Centre for Studies and Experimentation on Ceramics, Imola (BO), Italy, 1985

Francesco Coppola and Joe Tilson, International Centre for the Studies and Experimentation on Ceramics, Imola (BO), Italy, 1986

I think that all designers like to receive positive feedback about their work, even if public recognition has never been my main ambition: I have never wanted to publicize my projects in specialist magazines, despite intewoven relationships with editors. As far as I am concerned, one of the comments that I remember with the greatest pleasure came from a woman I met on the street, who said: '*I don't know anything about architecture and I don't know how to comment on it, but that building expresses beauty to me, it moves me*'. I think this is one of the most beautiful pieces of feedback I have ever received in my whole career.

The M1 tower is one of my favourite works, because studying every internal and external detail I tried hard to reflect what Le Corbusier said about architecture: '*You employ stone, wood and concrete, and with these materials you build houses and palaces. That is construction. Ingenuity is at work. But suddenly you touch my heart, you do me good, I am happy and I say: "This is beautiful." That is Architecture. Art enters in'. (Towards Architecture, Le Corbusier).*

In more recent years, more than planning new buildings, I have been attracted by renovating old or abandoned buildings, that form of architecture that is included in *industrial archaeology*. I am fascinated by these places where the energy of the industriousness that once characterised them can still be felt. I think that my country could and should reassert the value of its territory, giving new life to the many buildings that have been disused for years, which are scattered everywhere throughout the country, rather than allowing for the construction of real architectural disasters.

Even this vision, that is taking on the form of civil duty, is not always easy to defend, especially when public administration has to be dealt with.

At the beginning of this text, I wondered what inspires me, what lies at the basis of my creativity. Sometimes it is a journey, walking through great historic buildings, such as a few years ago at Granada's *Alhambra*, or last year at Cusco's *Sachsauaman*.

Sometimes, it is reading a beautiful book or seeing a beautiful work of art. An image is formed in my mind, in a process that is often completely unconscious, that develops during the night. It often happens to me, especially when I am concentrating on creating a new form (it does not make a difference if it is architecture or graphics): I plan all night, I dream of projects and various forms, and the next morning I wake up with a a fully formed idea in my mind, a well defined project, which I simply need to make visible in the design. My sketches, as can be seen in the book, are already the essence of the project. I always enjoy this process, everytime it means that what I am doing matches my feelings. I know that I am where I want to be, I know that I am doing exactly what I want to do: in short, I know that I am doing the right thing, and this is enough for me to be in a good mood and start again with new ideas and challenges.

Prefazione
by Francesco Coppola

Mi sono chiesto cosa potessi scrivere per presentarmi, per descrivere cosa sta alla base della mia progettazione o della mia creatività, cosa m'ispira o a cosa ambisco quando mi accingo a creare qualcosa di nuovo. Devo confessare che è proprio questa la parte del libro che mi ha dato maggiori difficoltà. Le persone che, come me, si trovano più a loro agio nel fare che non nel descrivere i pensieri che stanno a monte di quel fare potranno capirmi. Molto spesso, soprattutto nel fare progettuale, i pensieri si annullano per lasciare posto alle immagini. Per questa ragione, tradurre i pensieri immaginativi in parole che possano descriverli risulta un compito oltremodo arduo.

Fin da quando ero un bambino credo di avere sentito in me questa spinta o propensione verso il bello e il desiderio di trasformare la realtà che mi circondava, di migliorarla e renderla più simile al mio sentire. Ricordo che mi divertivo a decorare i modellini d'auto con cui giocavo usando lo smalto di mia madre, che ovviamente non apprezzava del tutto l'idea.

Così come ricordo bene i fumosi pomeriggi passati nel laboratorio del *puparo*, l'artigiano che creava i famosi *pupi* siciliani, ovvero i burattini di legno e latta con i quali si narravano, nei piccoli teatri che allora ancora esistevano per queste opere, le fantastiche gesta di Orlando, Rolando e i Paladini di Francia. Il *puparo* m'insegnò i trucchi del mestiere, l'arte dei meccanismi che comandavano i movimenti dei burattini e la tecnica della decorazione. Passavo ore e ore rapito a osservarlo e tornavo a casa con i vestiti impregnati di fumo: ogni volta, mia madre doveva mettermi nella vasca da bagno e lavare ogni indumento per togliermi di dosso ogni traccia di cattivo odore.

Ma questo è, forse, l'unico ricordo un po' nostalgico che conservo: in realtà, il mio rapporto con la Sicilia, mia terra d'origine, è sempre stato contrastante e, a tratti, anche un po' travagliato. Un legame geografico e biografico, che però non mi ha mai fatto sentire così legato a quei luoghi tanto da non potermi immaginare altrove. Al contrario, osservando oggi la mia vita vedo una sorta di continua rincorsa verso la realizzazione di un ideale, un sogno, non legati a un luogo in particolare, quanto al sogno in sé. Il contesto in cui mi trovavo ad operare è sempre stato solo un contorno, lo sfondo storico di un'idea che poteva esistere ovunque e comunque. La soddisfazione nella realizzazione di un progetto non è mai stata legata al contesto, è sempre stata in rapporto all'idea stessa o al movimento interiore da cui aveva avuto origine: ogni persona creativa, in fondo, è un egocentrico che si muove nel mondo. Per fortuna, la maggior parte delle volte questo egocentrismo porta qualcosa di buono anche agli altri e spero che questo sia vero nel mio caso.

Il desiderio di sperimentazione, la curiosità innata verso il nuovo, verso l'arte e la sua espressione nel mondo, ha definito il panorama delle mie scelte di vita così come della mia pratica professionale in tutti questi anni. Credere fortemente che sia possibile realizzare la bellezza e renderla tangibile, condivisibile, fruibile a tutti: un'ambizione, questa, che è il motore primo della mia vita. Nel riguardare i singoli progetti per la preparazione di questo volume ho ritrovato in ciascuno di essi questo filo conduttore: la ricerca continua e quasi spasmodica di un superamento, di un andare oltre il già conosciuto, in una parola di una *utopia*.

Lewis Mumford nel suo libro La Storia dell'Utopia afferma che si tratta di una [...] *maniera molto primitiva di pensare, nella quale seguiamo la direzione dei nostri desideri senza tenere conto di nessuna delle condizioni limitative che dovremmo considerare [...] la visione di un ambiente che serva, meglio di quello attuale, la natura e*

Francesco Coppola with Stefano Casoni and Giampaolo Bertozzi, Abitare il Tempo, Verona, Italy, 1986

Chin, Fabbri, Pardi, Pericoli, Pomodoro, Coppola, Del Pezzo, Tadini, Baj, Spoldi, Ghetti, G. Marconi. Artecotta, Studio Marconi, Milano, Italy, 1984

gli scopi dell'essere umano che vi abita. E ancora, riguardo al luogo: [...] *l'utopia ci consente di evitare sia l'illusione di assumere il luogo in cui siamo come l'unico luogo possibile, sia l'illusione contrapposta di cercare un luogo inesistente [...] utopia come costante apertura verso il perseguimento non mistificato di possibilità diverse da quelle già sperimentate.* L'inseguimento di "*altro*", altro luogo, altra esperienza, altri rapporti ... si è tradotto nel corso degli anni in una successione di eventi, che leggo consapevolmente come una sfida al superamento costante dello status quo. Tensione ideale che ritrovo nella ricerca di una sperimentazione continua in tutti gli ambiti progettuali: una continua sfida nel mettersi in gioco con obiettivi sempre più alti e difficili.

Da queste *tensioni* mi sembra che abbiano origine le più interessanti e forse le più importanti realizzazioni della mia carriera. Nel progetto, che in sé rappresenta già una grande area di ricerca, ho sempre espresso le sfide più importanti, difficili e, proprio per questo, particolarmente stimolanti.

Aderire a un ideale utopico di vita a cui poi connettere anche la propria pratica professionale non è sempre facile: costa. Significa non accettare mai di svendere la propria visione, significa scegliere i propri clienti non sulla base del loro portafoglio, ma sulla base della fiducia reciproca e di una certa connessione d'idee che fa sentire di essere sulla stessa lunghezza d'onda. Significa seguire sempre il proprio istinto e non il saldo del conto corrente bancario. Per questo, essere fedeli alla propria visione e alle proprie idee costa.

La mia curiosità per la progettazione architettonica si è sempre accostata all'interesse per il mondo della grafica. Per questa ragione, quando nel 1982 mi si offrì la possibilità di sperimentarmi anche in questo settore, come responsabile dell'Immagine Coordinata della Ceramica d'Imola, non ci pensai due volte e accettai. Lasciai i miei studi professionali in Sicilia, continuando a seguire a distanza i progetti in corso fino al loro compimento, e abbracciai con entusiasmo questa grande, doppia sfida: la ristrutturazione della nuova sala mostra aziendale e, contemporaneamente, la creazione dell'Immagine Coordinata. Gli anni dell' *Ape gialla* sono stati molto intensi sia per la mole d'impegni, sia per l'apertura creativa verso un mondo, quello della comunicazione, in cui avevo da sempre desiderato sperimentarmi.

Sono stati anni bellissimi, che ricordo sempre con piacere e che hanno ampliato le mie capacità in questo campo. Sono questi gli anni in cui mi sono posto l'obiettivo di rapportare la metodologia adottata sul fronte progettuale architettonico a quello della comunicazione. Una sfida esaltante, la cui essenza stava nel ricercare un *principio regolatore* del progettare, applicabile ad altre discipline che non fossero solo l'architettura, con un atteggiamento di continuo superamento di soluzioni stereotipate o che si riferivano a modelli già consolidati.

Studiavo, analizzavo in dettaglio i modelli di riferimento di allora e facevo in modo di superarli con strategie alternative. Sono gli anni in cui i più grandi fashion designer venivano chiamati dalle maggiori aziende ceramiche per creare le decorazioni dei loro prodotti: proprio in quel periodo creai il payoff "*Oltre le firme, le forme, le mode*" per la Ceramica Imola, che poi diventò un modello da seguire per il futuro.

Fino ad arrivare alla creazione e direzione del Centro Internazionale di Studi e Sperimentazione sulla Ceramica: un'esperienza di grande stimolo creativo, che vide la realizzazione di aree di ricerca nel settore dell'architettura, del design, dell'artigianato e dell'arte. Un grande laboratorio internazionale che trasformava il concetto di committenza, chiamando l'Azienda a realizzare quanto veniva elaborato e proposto dal numeroso gruppo di aderenti al progetto (100 tra architetti, designer, artisti e ceramisti a livello internazionale).

Anni intensi che sono poi stati alla base delle esperienze successive, dei tanti rapporti di lavoro che sono poi nati quando, a partire dal 1985, mi sono staccato dall'Azienda per creare nuovamente una mia struttura di progettazione (*Navalia, Design & Creative Consultants*) con innumerevoli consulenze per le maggiori aziende ceramiche nazionali e internazionali.

Il frutto delle competenze maturate in questo settore, portò anche alla creazione di una nuova rivista di settore, *K-Keramos*, che consentì di affrontare per la prima volta la ceramica in tutti i suoi aspetti (storici, artistici, industriali, ecc).

Non ho mai abbandonato la progettazione architettonica per dedicarmi solo alla comunicazione: posso certamente definirmi un progettista fortunato, perché ho sempre avuto l'opportunità di offrire ai miei clienti le mie competenze in entrambi i settori.

E' certamente il caso, ad esempio, del gruppo Mercatone Uno, leader italiano della Grande Distribuzione no-food: quasi vent'anni di collaborazione per il progetto dei layout dei punti vendita e della comunicazione, che ha certamente raggiunto il suo apice nell'anno 2000, con la richiesta di progettare il nuovo Centro Direzionale a Imola. La torre M1 è un progetto a cui sono particolarmente legato: anche questa volta, una bella sfida progettuale che doveva essere realizzata in tempi brevi e, ovviamente, con successo.

Ogni progettista credo abbia piacere di ricevere critiche positive al proprio lavoro, anche se ricevere un riconoscimento pubblico non è mai stata la mia maggiore ambizione: non ho mai ricercato la pubblicazione dei miei progetti sulle riviste di settore, nonostante i rapporti intrecciati con le redazioni. Per quel che mi riguarda, uno dei giudizi ricevuti che ricordo con maggior piacere mi arrivò da una signora che, incontrandomi per strada, si espresse in questo modo: *"non conosco nulla dell'architettura, non so dare un giudizio sulla realizzazione, ma quello che mi comunica l'edificio è un senso di bellezza, mi emoziona"*. Penso che sia uno dei giudizi più belli ricevuti nella mia carriera.

La torre M1 è uno dei lavori a cui sono più legato, perché nello studio di ogni dettaglio, interno o esterno, mi sono sforzato di riuscire a rispecchiare quello che Le Corbusier diceva dell'architettura: [...] *si impiega pietra, legno, cemento; se ne fanno case, palazzi: questo è costruire. Ma, di colpo, il mio cuore è commosso, sono felice e dico: è bello. Ecco l'architettura: l'arte è qui.* ("Verso una architettura", Le Corbusier).

Negli anni più recenti, più che dalla progettazione del nuovo, sono stato attratto dalla ristrutturazione di edifici antichi o abbandonati, quella forma di architettura che s'iscrive nell'*archeologia industriale*. Mi affascinano questi luoghi in cui si può ancora percepire l'energia dell'operosità che un tempo li connotava. Credo che soprattutto il mio Paese potrebbe e dovrebbe rivalutare il proprio territorio, dando nuova vita agli innumerevoli edifici in disuso da anni, che troviamo ovunque disseminati lungo tutto il suo territorio, piuttosto che consentire la costruzione di veri scempi architettonici.

Anche questa visione, che sta assumendo anche la forma di impegno civile, non è sempre facile da difendere, soprattutto quando si deve avere a che fare con le amministrazioni pubbliche.

Francesco Coppola with Bruno Munari, Bologna, Italy, 1985

Cosa m'ispira, cosa sta alla base della mia creatività, mi chiedevo all'inizio. A volte è un viaggio, camminare all'interno di grandiosi edifici del passato, come alcuni anni fa all'*Alhambra* di Granada, o lo scorso anno tra le mura di *Sachsauaman* a Cusco.

Talvolta è la lettura di un bel libro, o la visione di un'opera d'arte. Un'immagine si forma nella mia mente con un processo spesso del tutto inconscio, che prende forma nel corso della notte. Mi accade frequentemente, soprattutto quando sono concentrato su una nuova forma da creare (architettonica o grafica, non fa differenza): progetto tutta la notte, sogno progetti e forme diverse e al mattino mi sveglio con un'immagine chiarissima nella mente, un progetto ben definito che devo solo rendere visibile nel disegno. Gli schizzi che accenno, come si può verificare attraverso quelli che riporto nel libro, sono già l'essenza del progetto. Questo aspetto mi diverte sempre molto, tutte le volte che accade significa che quello che sto facendo corrisponde al mio sentire. So di essere dove vorrei essere, so che sto facendo proprio ciò che desidero fare: in poche parole, so che sono nel giusto, e tanto mi basta per rendermi di buon umore e ripartire con nuove idee e nuove sfide.

De Vivo Headquarters

Offices and showroom
1994/2001
Potenza, Italy

The project is the transformation of an existing building and its extension for offices and a showroom. The existing building has been maintained and reinforced, and two irregular shapes have been added. The building is made up of a three-storey void, around which all the areas have been planned. It is situated on the corner of two roads, from which it is divided by a wall. The interior is visible thanks to large glass surfaces and the positioning of the spaces. The façades are internally covered in 1.2 x 1.2 metre ceramic panels and all the façades are marked with this square theme creating an alternation between the solid and the void.

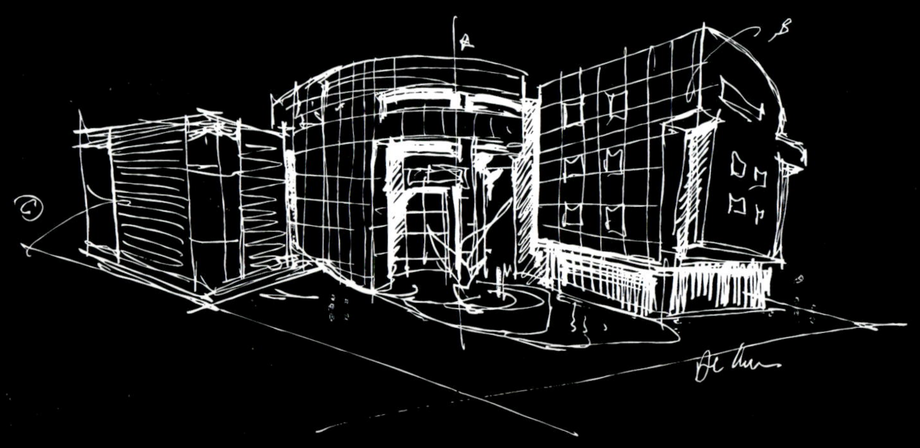

Il progetto si riferisce alla trasformazione di un edificio esistente e del suo ampliamento per la realizzazione di uffici e di uno show-room. Al corpo regolare esistente, mantenuto e consolidato, sono stati aggiunti due corpi di forma irregolare. L'edificio è caratterizzato da un volume che si sviluppa con un vuoto per tre altezze attorno al quale sono organizzati tutti gli ambienti. Collocato all'angolo di due assi viari, si mantiene una cortina muraria regolare rispetto alle strade e si apre verso l'interno grazie alle grandi superfici vetrate ed alla rotazione dei volumi. Le facciate sono rivestite interamente con pannelli in ceramica di m. 1.20 x 1.20 e sono tutte ritmate da questo modulo quadrato, creando un' alternanza di pieni e vuoti.

The project is on an existing building, the original structure of which has been maintained. Around that original structure the new space has been built, which is intended for showrooms. The offices were constructed in an lower extension that was built at a 45-degree angle. The building's formal character relates to a sequence of 1.2 metres of full and empty spaces, the same size as the slabs of ceramic used for the covering. The building's various functions correspond with different colours on the façade. The cylindrical entrance zone opens out onto a large vertical empty space which is connected to the lift and stairs and also creates visual connection between the various environments.

De Vivo Headquarters
1994/2001
2300 square metres
Structure in metal and attic in reinforced concrete
Building cover in ceramic tiles

North elevation

West elevation

South elevation

East elevation

L'intervento si sviluppa su un edificio esistente di cui è stata mantenuta la struttura originaria: attorno ad esso viene realizzato il nuovo volume con destinazione showroom. Gli uffici sono stati realizzati in un volume aggiuntivo di altezza inferiore e ruotato di 45° gradi. La caratterizzazione formale dell'edificio rimanda ad una sequenza di pieni e vuoti scanditi dal modulo m 1.20x 1.20, che coincide con il formato della lastra in ceramica utilizzata come rivestimento. La differenziazione delle destinazioni è stata richiamata in facciata con un diverso cromatismo. La zona di accesso, caratterizzata dalla forma cilindrica, si apre su un grande spazio vuoto verticale in cui sono collocati l'ascensore e il corpo scala e consente altresì di creare un collegamento visivo tra i vari ambienti.

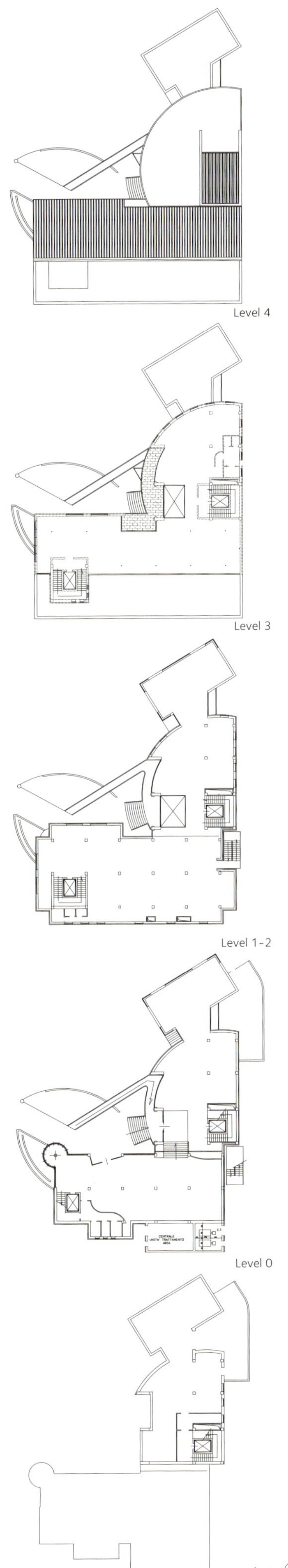

Level 4

Level 3

Level 1-2

Level 0

Level -1

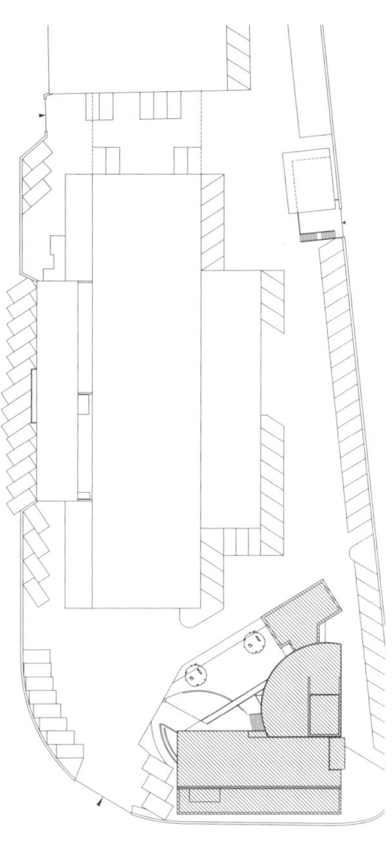

Masterplan

M1 Headquarters

Tower building for offices
1997/2001
Imola, Bologna, Italy

The office headquarters is situated near a motorway, appearing as an *emerging* and distinctive element and on a larger scale takes on a more symbolic role. The strategic position (just before the motorway exit and tollbooth) marks the building out as being *symbolic* for the recognisability of the place and therefore the town. The shape of the plan refers to the group logo, with the aim of emphasising the important function of the building as the headquarters of the company. The elliptical shape also gives the tower an undefined quality, depending on the position on the motorway from which it is seen and the speed of the traffic.

L'edificio direzionale posto su un asse autostradale si connota come elemento *emergente* e caratterizzante che, sulla scala più ampia del territorio in cui si colloca, viene ad assumere il nuovo ruolo simbolico di *segno*. La posizione strategica (immediatamente precedente l'uscita e il relativo casello autostradale) definisce l'edificio come *simbolo*, per la riconoscibilità del luogo e, quindi, della città. La configurazione in pianta richiama morfologicamente il marchio del Gruppo, con il preciso scopo di enfatizzare l'importanza dell'edificio come Sede Direzionale. La forma ellittica consente inoltre di caratterizzare la torre come volume non propriamente definito, grazie alla posizione che assume rispetto alla percezione che si ha di esso dall'autostrada e dalla velocità di transito.

The first feature of this building to come into sight is the tower. Looking closely at the façades, it can be seen that the ratio between the height and width are identical. From a perceptive point of view, two reasons lead to such a finding. The first is in the elliptical shape of the building's plan, and from its position relating to the motorway. In fact, the perception of the building changes according to direction: when travelling north the building is seen from the opposite side of the road and looks very slender, only a glimpse of the short side can be caught. Heading south, the tower is presented in its full form and, as the motorway is not straight in the part leading up to the headquarters, it can be seen from a varying perspective. The two facades have been treated in a different way, with the stairs and lift inserted on the one of the bigger sides of the ellipse. The result is a completely different view depending on which side is seen. The stairway is internally covered with a ventilated wall of copper plates.

The second reason comes as a result of the alternating full and empty spaces and from the use of vertical markings. The entrance portal which goes up four floors, the porticoes at the base which are on three levels, the reversal of the façade on the fifth and sixth floors and, finally, the fittings on the top floors that are inserted into a single design, complete the effect. The building's formal character seen in its use of colours, materials and elements all result from its function. The M1 Headquarters powerfully expresses the Group Identity, thanks to its strong morphological connotation which includes the company's own brand within the plan.

The elliptical plan has an element of structural hardening at the edge, with the insertion of the stairs of the fire escape, the bathrooms and utility rooms. The floor plan has been kept completely free with only eight cylindrical pillars. The building's glass roof houses the owner's office, which continues under a covered green roof.

M1 Headquarters
1997/2001
5900 square metres
Structure in reinforced concrete
Facing in plaster, prepainted aluminium fixtures, green roof,
walls of the stairway finished with copper.

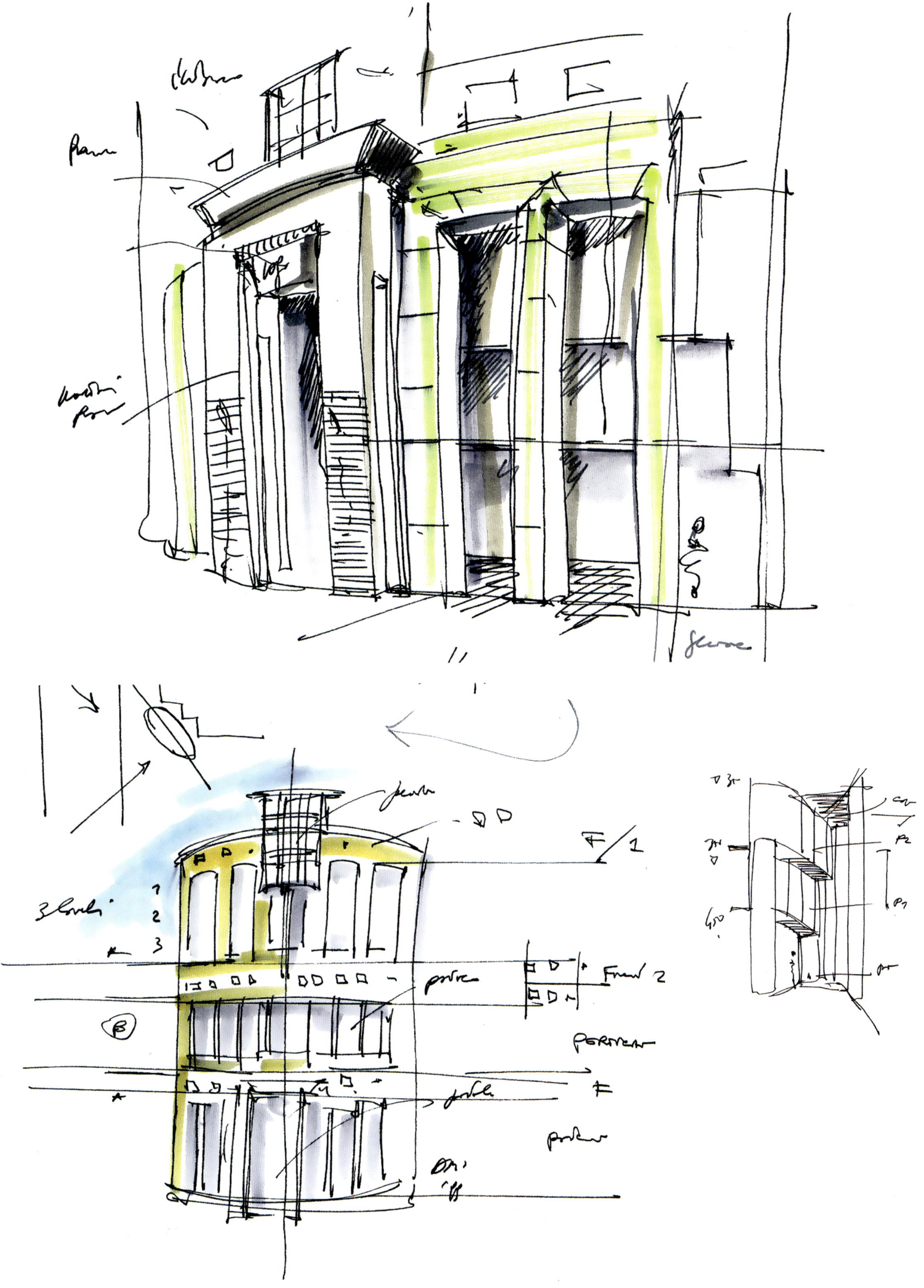

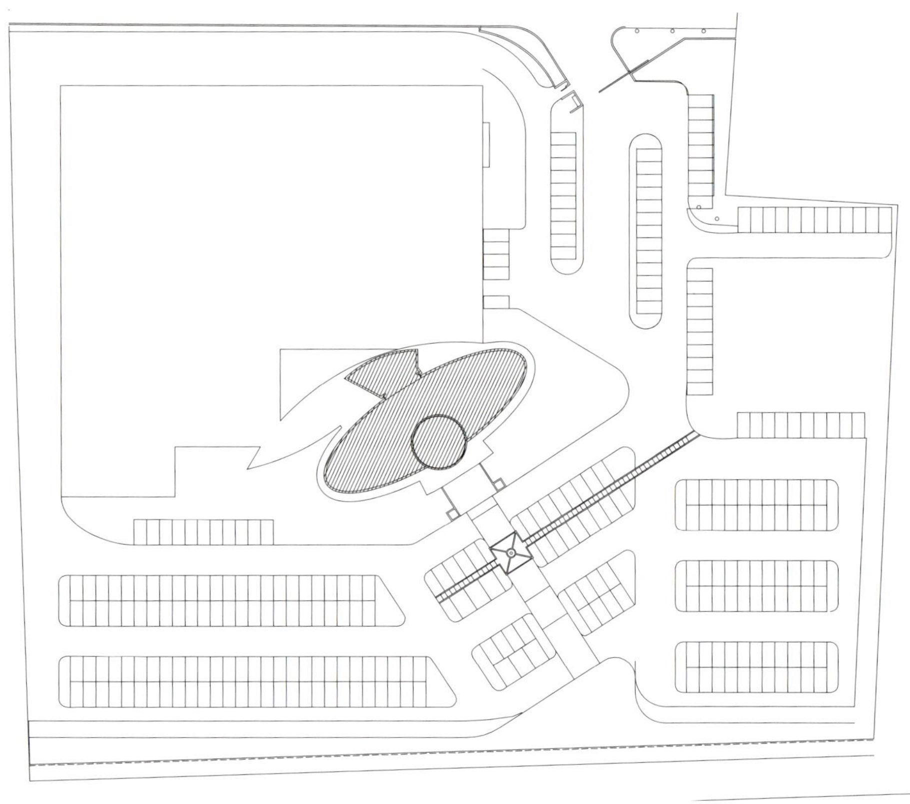

Masterplan 

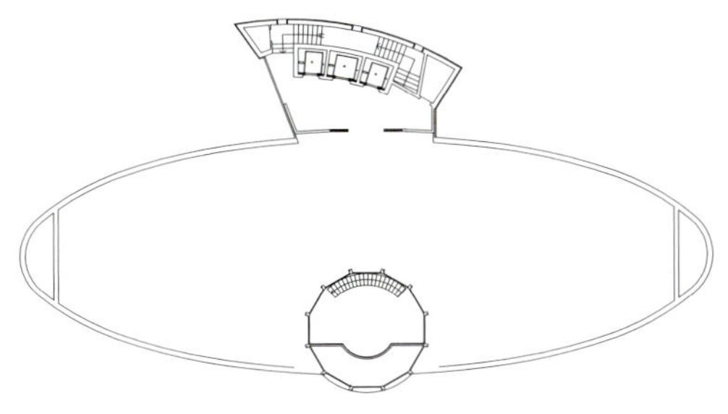

Level 13

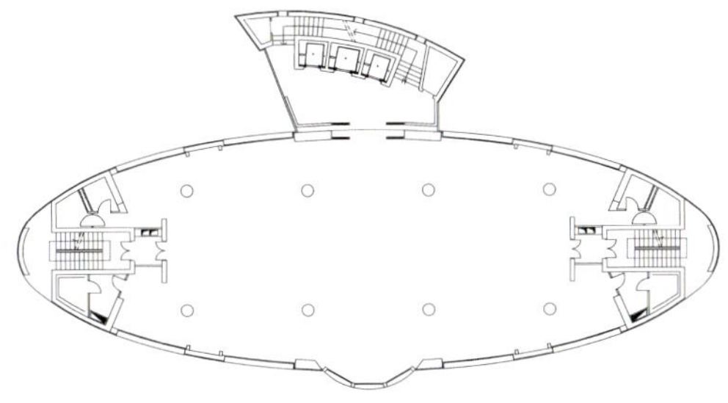

Level 10-11-12

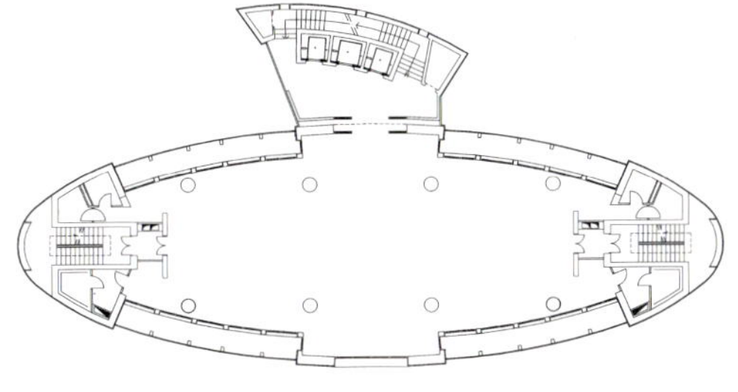

Level 5-6-7-8-9

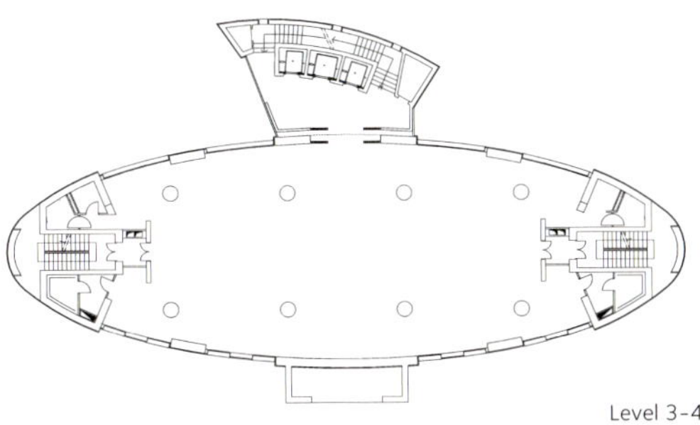

Level 3-4

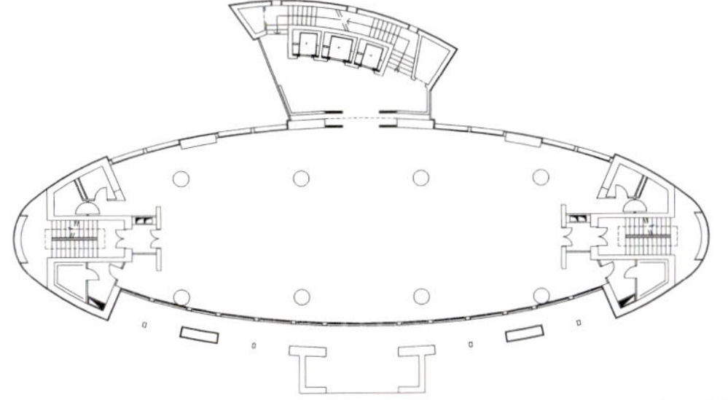

Level 2

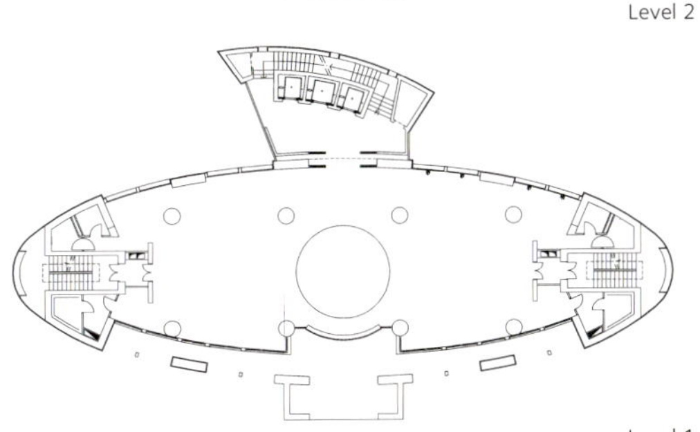

Level 1

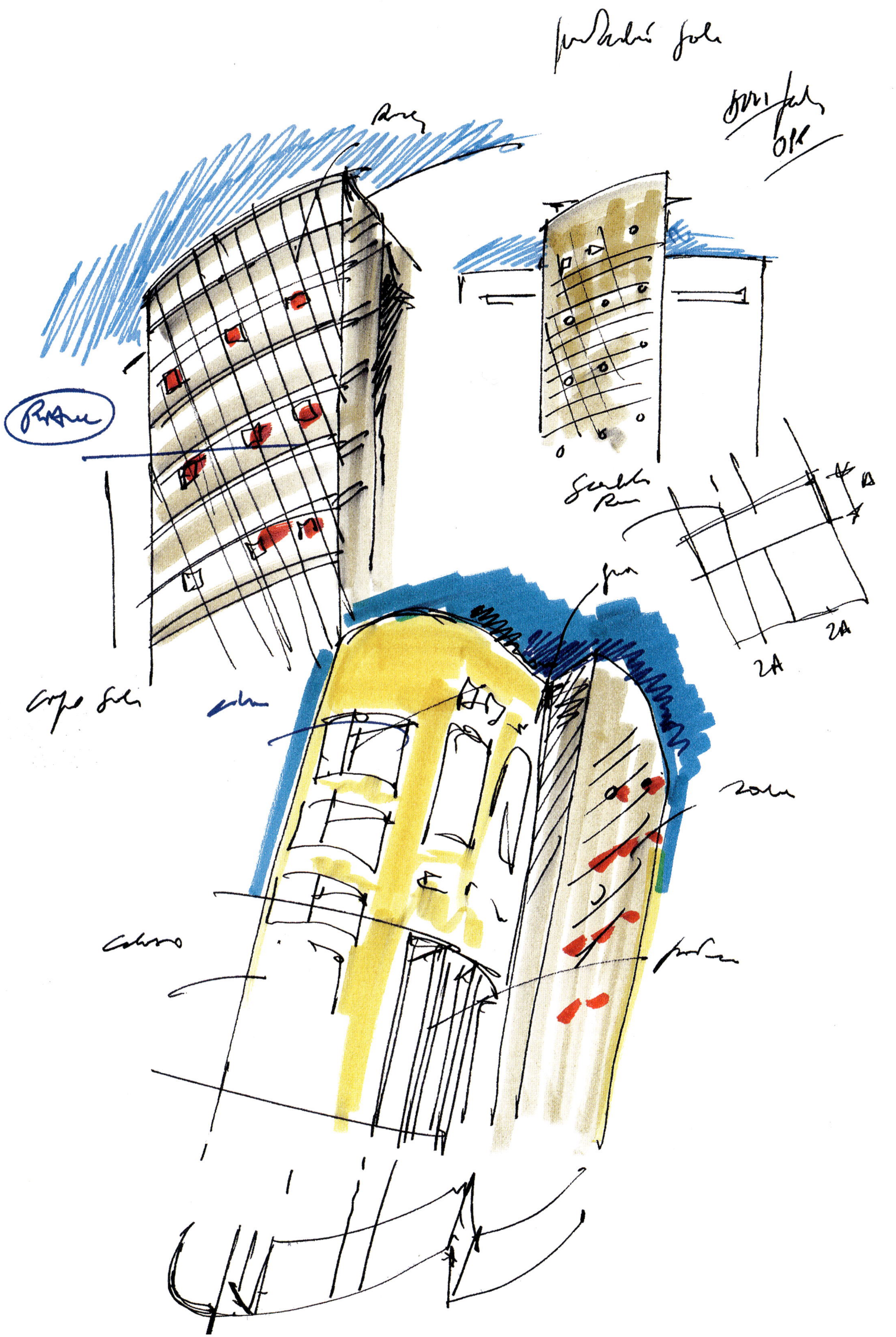

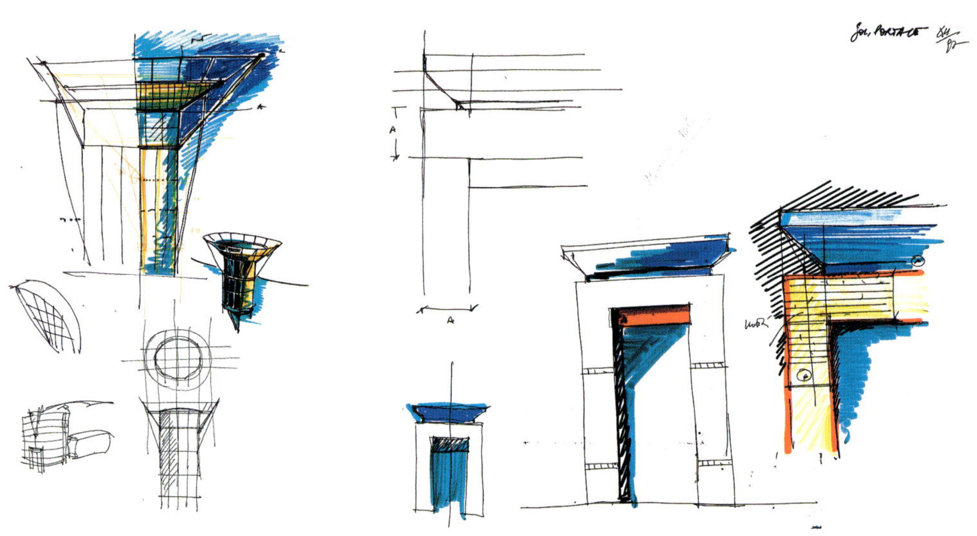

La prima percezione che si ha dell'edificio è di una torre. Osservando attentamente i prospetti, si nota come i rapporti dimensionali tra altezza e larghezza sono identici. Due sono le ragioni principali che, da un punto di vista percettivo, portano a questa lettura. La prima è data dalla forma in pianta dell'edificio, che è ellittica, e dalla rotazione rispetto all'asse autostradale. La percezione dell'edificio, infatti, cambia a seconda del senso di marcia: in direzione nord, trovandosi sul lato opposto della carreggiata di marcia, l'edificio appare molto esile potendo intravedere solo il lato corto. In direzione sud, la torre si presenta nella sua totale dimensione e, per l'andamento non rettilineo della sede autostradale nei chilometri che precedono l'edificio, lo si legge in varie angolazioni. I due fronti sono stati poi trattati in modo differente, con l'inserimento del corpo scala e ascensori su uno dei lati maggiori dell'ellisse. Ne deriva la vista di prospetti totalmente diversi, a seconda del lato da cui si guarda. Il corpo scala è interamente rivestito con una parete ventilata di lamelle di rame.

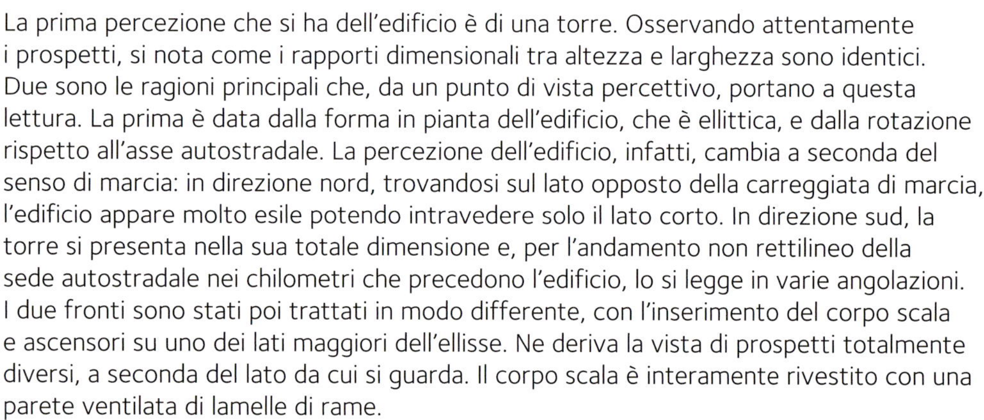

La seconda ragione è data dall'alternanza di pieni e vuoti e dall'uso di *segni* verticali. L'introduzione del portale d'ingresso, che si sviluppa per 4 piani, il portico alla base per 3 livelli, l'arretramento al 5 e 6 piano del fronte e, infine, la trama degli infissi degli ultimi piani inseriti in un disegno unitario, completano l'effetto. La caratterizzazione formale espressa nell'uso dei colori, dei materiali e degli elementi che compongono l'insieme deriva dalla sua destinazione. Il Centro Direzionale esprime con potenza l'Identità del Gruppo committente, grazie alla sua forte connotazione morfologica, che riprende in pianta il proprio marchio.

La pianta ellittica trova gli elementi di irrigidimento strutturale alle proprie estremità con l'inserimento della scale di sicurezza, dei servizi igienici e dei locali tecnici. La pianta ai piani si presenta totalmente libera con la presenza solo di 8 pilastri cilindrici. Un padiglione vetrato in cima all'edificio accoglie la presidenza e si sviluppa fino al piano della copertura realizzata con un tetto verde.

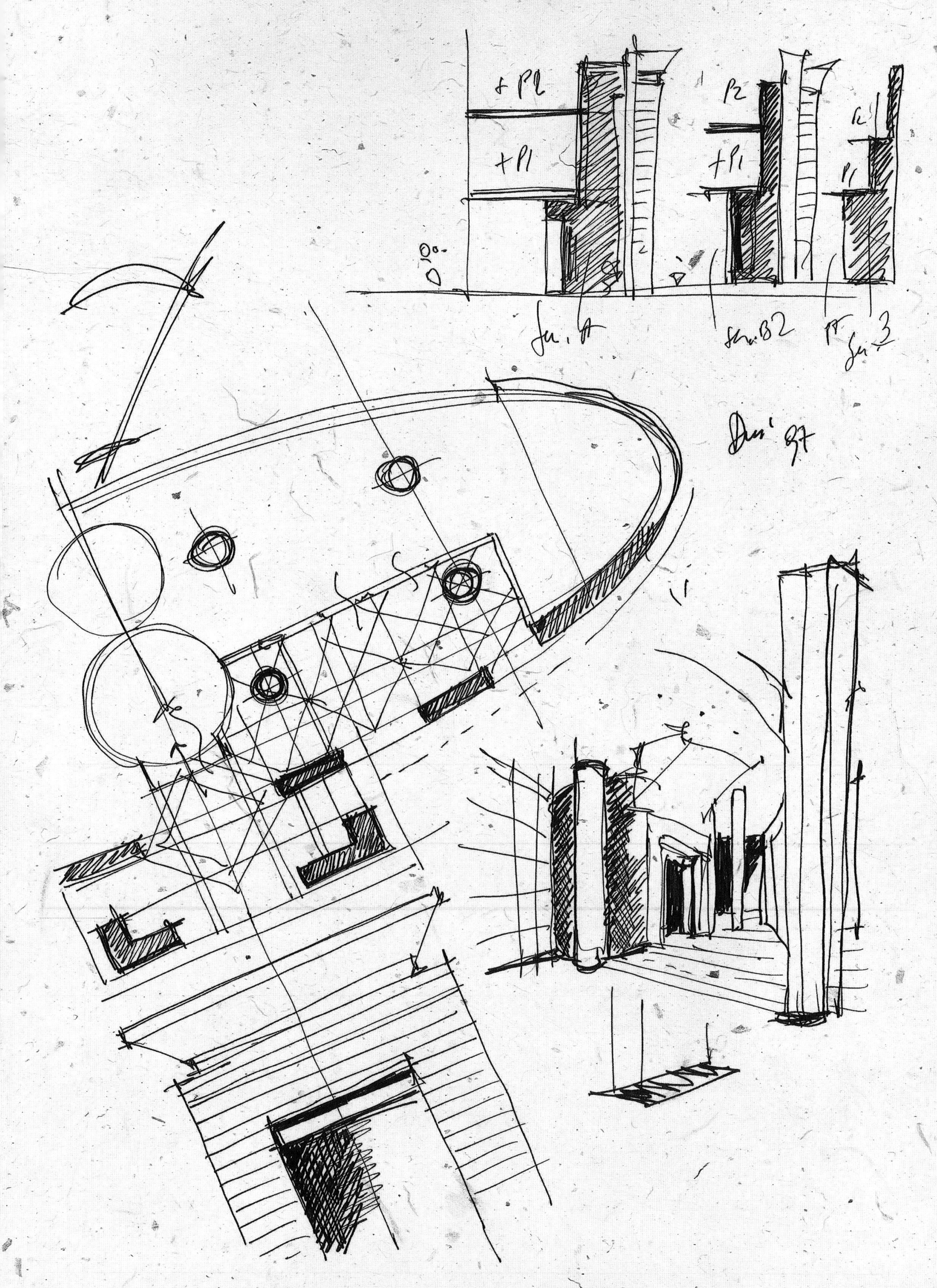

+ P2
+ P1
+ P2
+ P1
Dez. 87

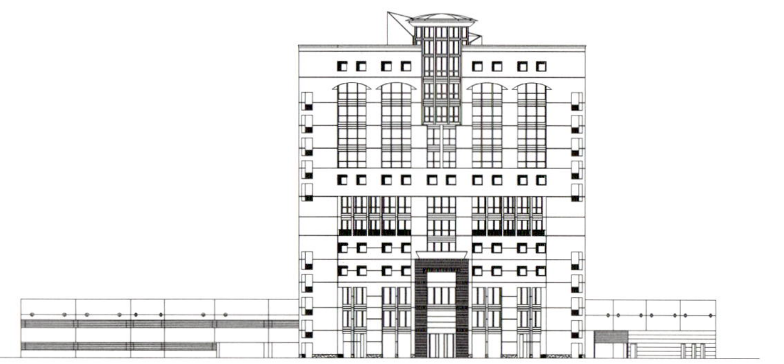

North elevation

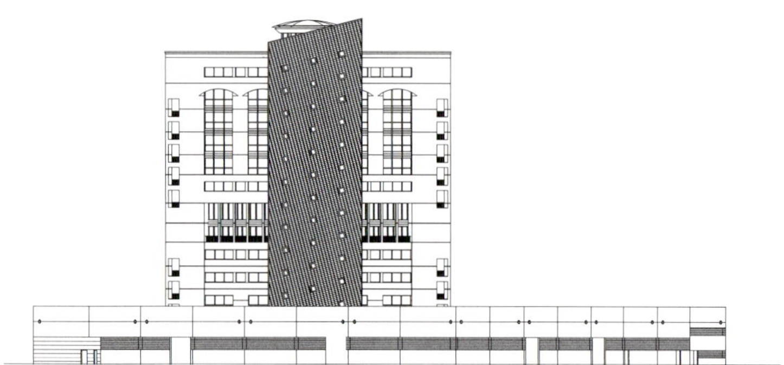

South elevation

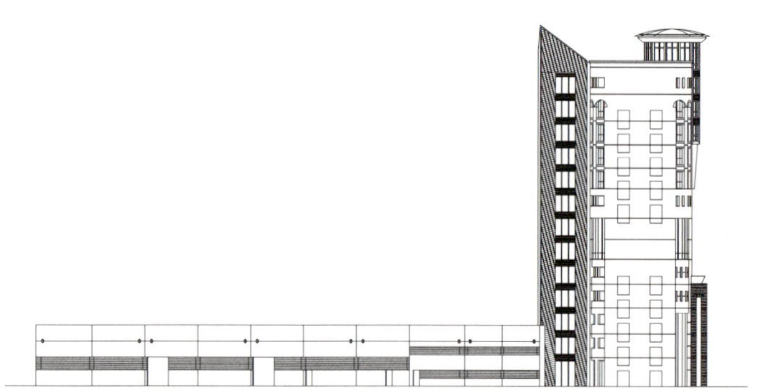

East elevation

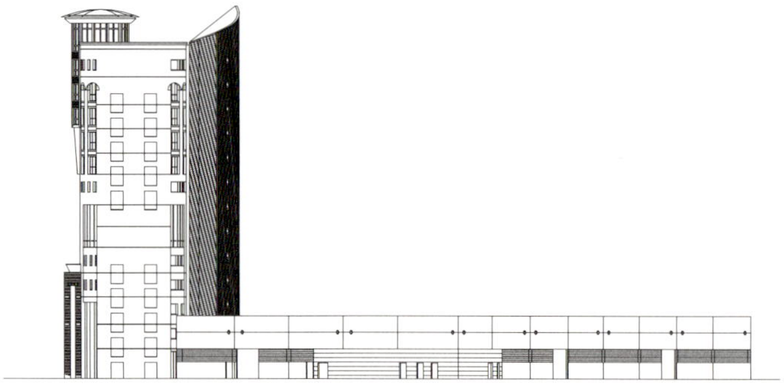

West elevation

Mercatone Uno

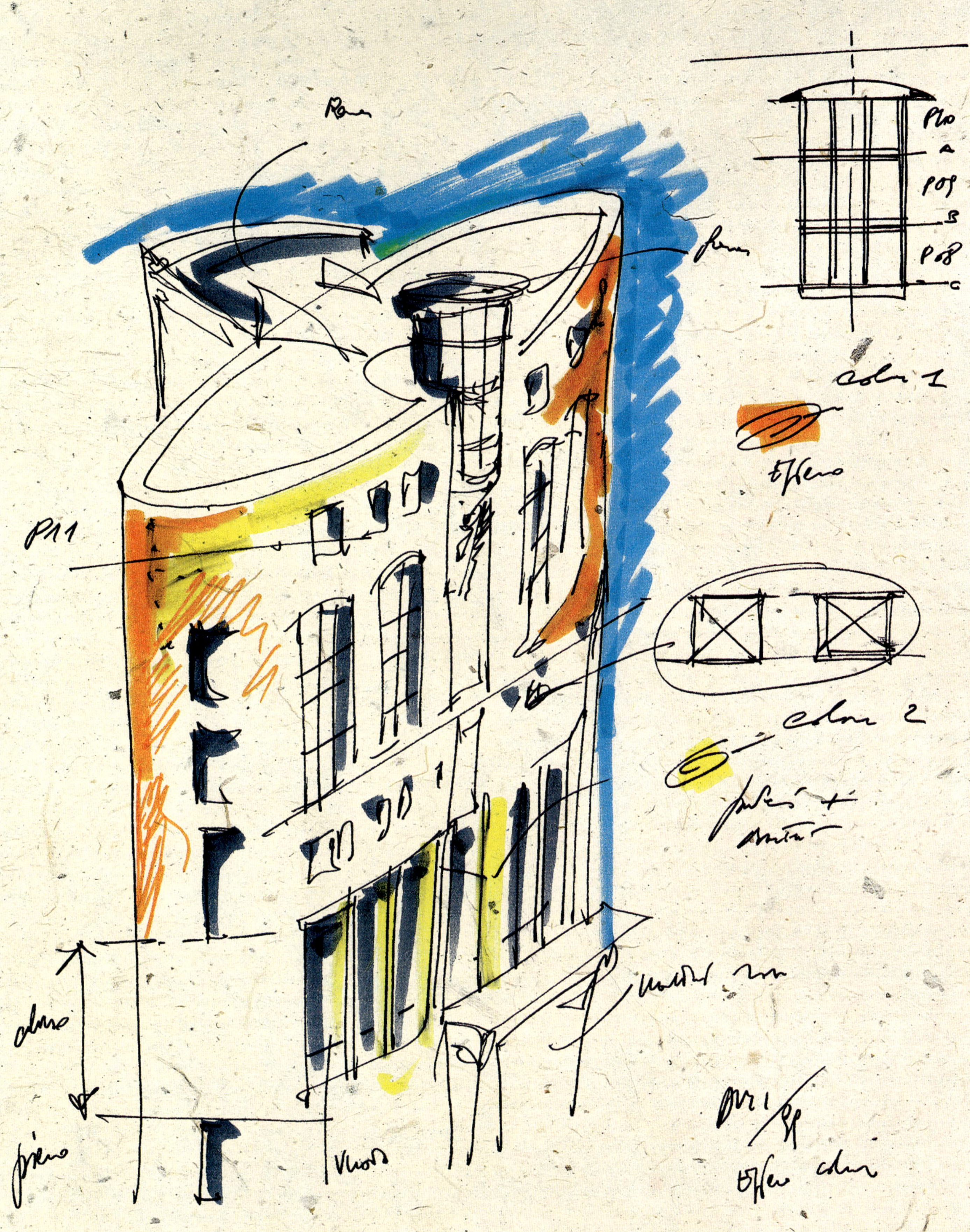

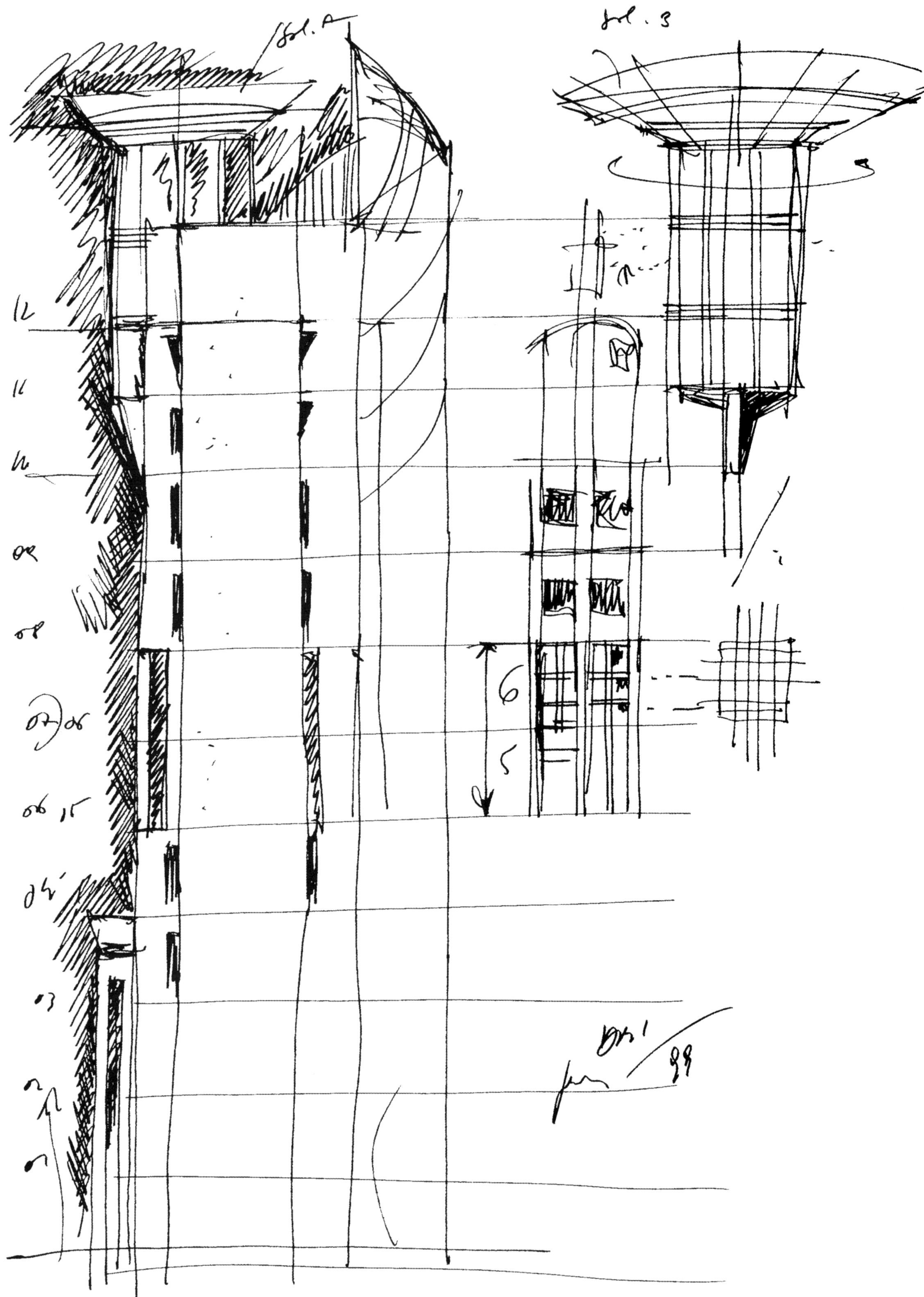

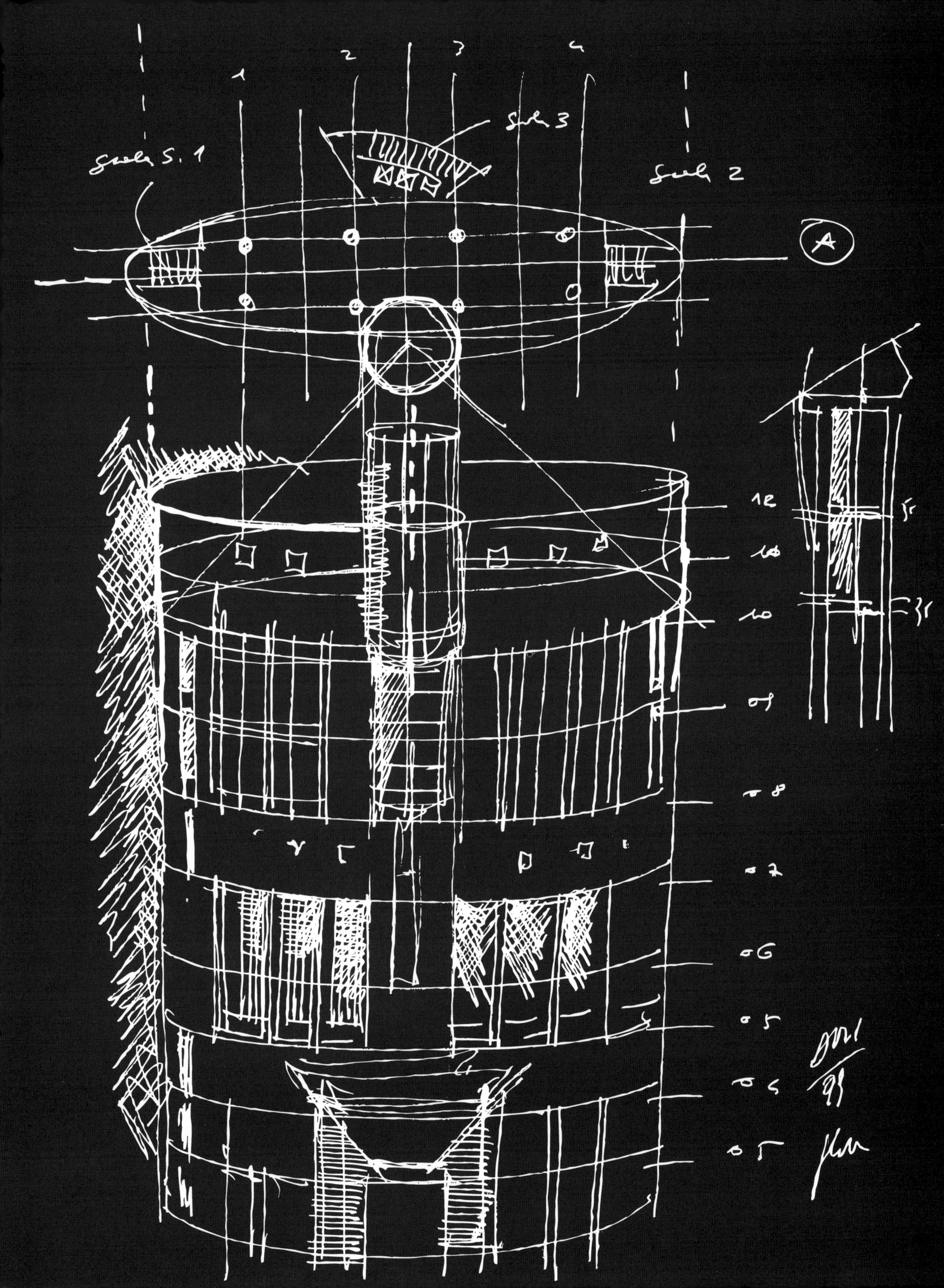

Sela S.1
Sela 3
Sela 2
A

Francesco Coppola with Antonio Gasparri

M1 Guest Quarters

2006, Project
Imola, Bologna, Italy

In the plot where the tower designed for the group's offices has been built,
there are plans for another tower to be used as guest quarters. The idea
of putting a second tower next to the first one was interesting, in terms of
typology. A nine-storey tower was therefore designed using exactly half the
dimensions of the first, in the same elliptical shape positioned near the front
in such a way that, from certain perspectives, it seems like there is only one
building. The continuity of the front, covered in copper, which follows an 'ideal'
diagonal, contributes to this effect. The side that is facing the first tower is all
glass, so that it does not impose its presence.

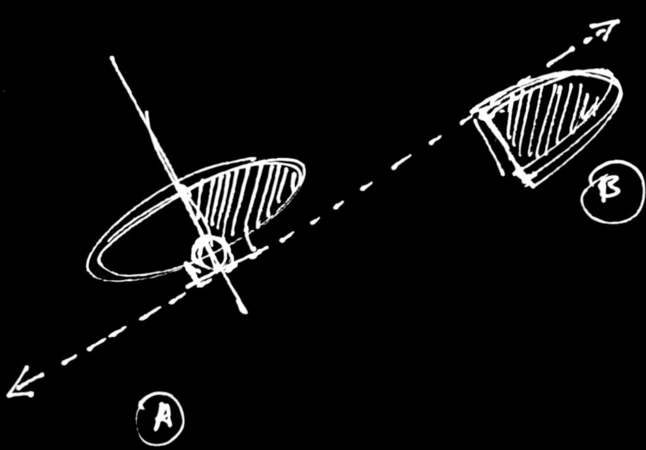

All'interno del lotto dove è stata realizzata la torre destinata agli uffici del
gruppo è stata prevista la realizzazione di una torre ad uso foresteria. Per la
tipologia adottata nella prima torre, che si presenta con un disegno formalmente
compiuto, l'ipotesi di far convivere in prossimità un secondo volume ha
rappresentato un tema estremamente stimolante. Si è pertanto sviluppata
una seconda torre di 9 piani, che in pianta ha esattamente la metà delle
dimensioni della prima e la stessa forma ellittica e si è posizionata tangente al
fronte principale, in modo che visivamente dai diversi punti di osservazione si
vedesse un unico edificio. Ad accentuare questo effetto contribuisce, nella parte
posteriore, la continuità della facciata rivestita in rame, che prosegue una "ideale"
diagonale. Sul fronte anteriore, la superficie che prospetta sulla prima torre è
interamente vetrata in modo da annullarne la presenza.

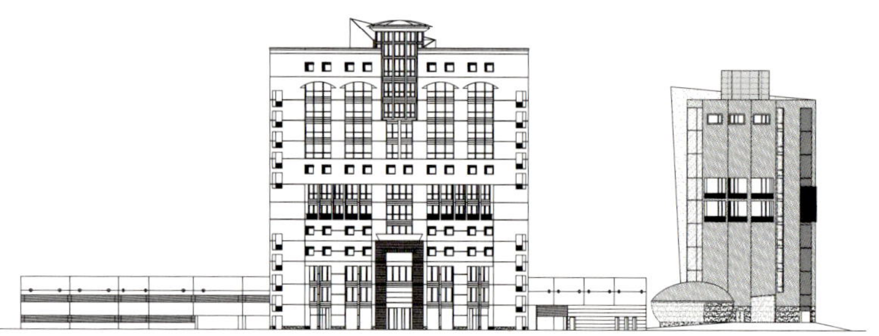

North elevation

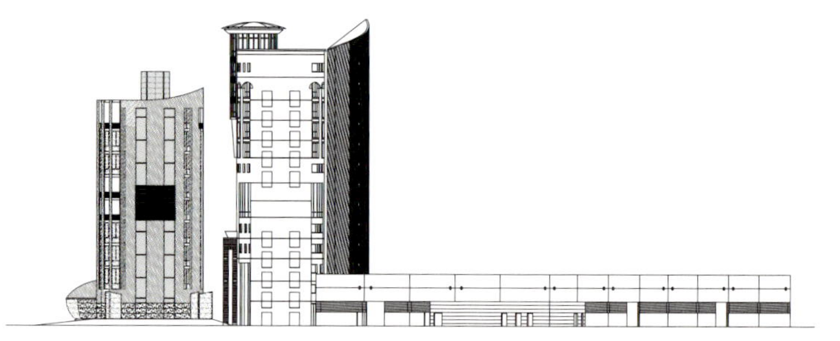

West elevation

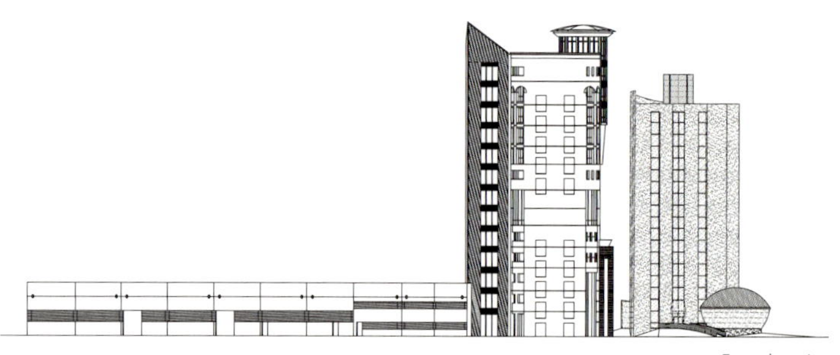

East elevation

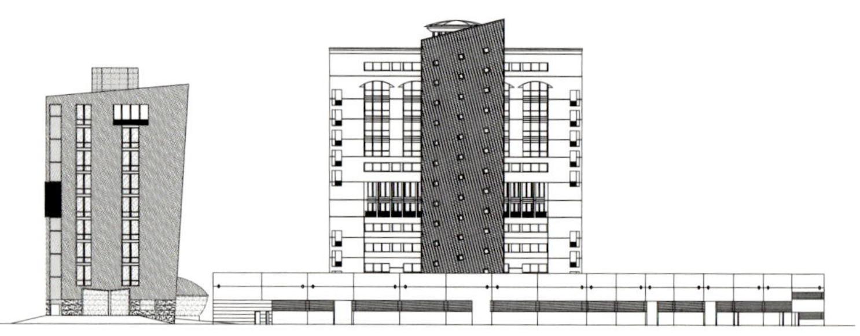

South elevation

M1 Guest Quarters
2006, Project
2500 square metres
Structure in reinforced concrete
Facing in plaster, prepainted aluminium
fixtures, green roof, copper.

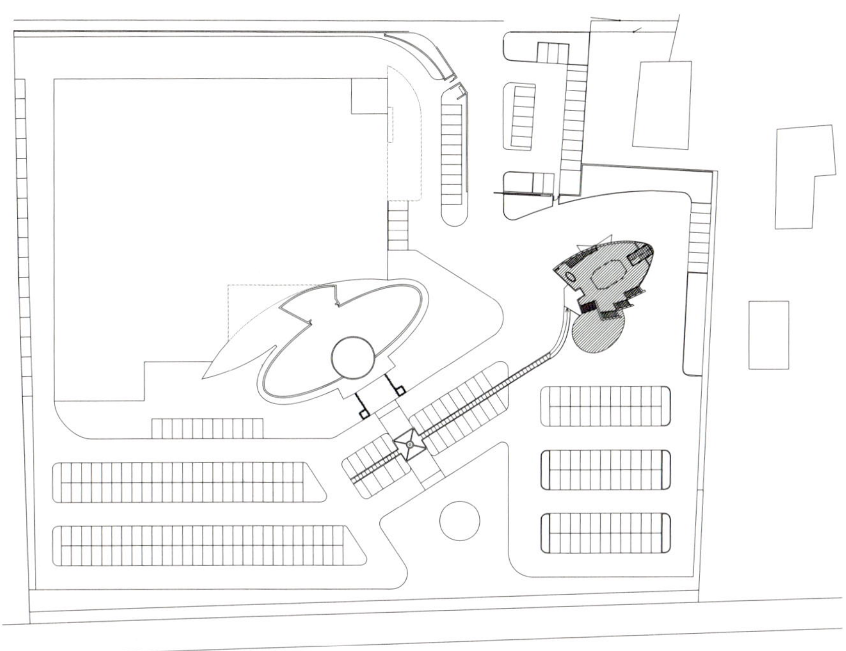

Masterplan 

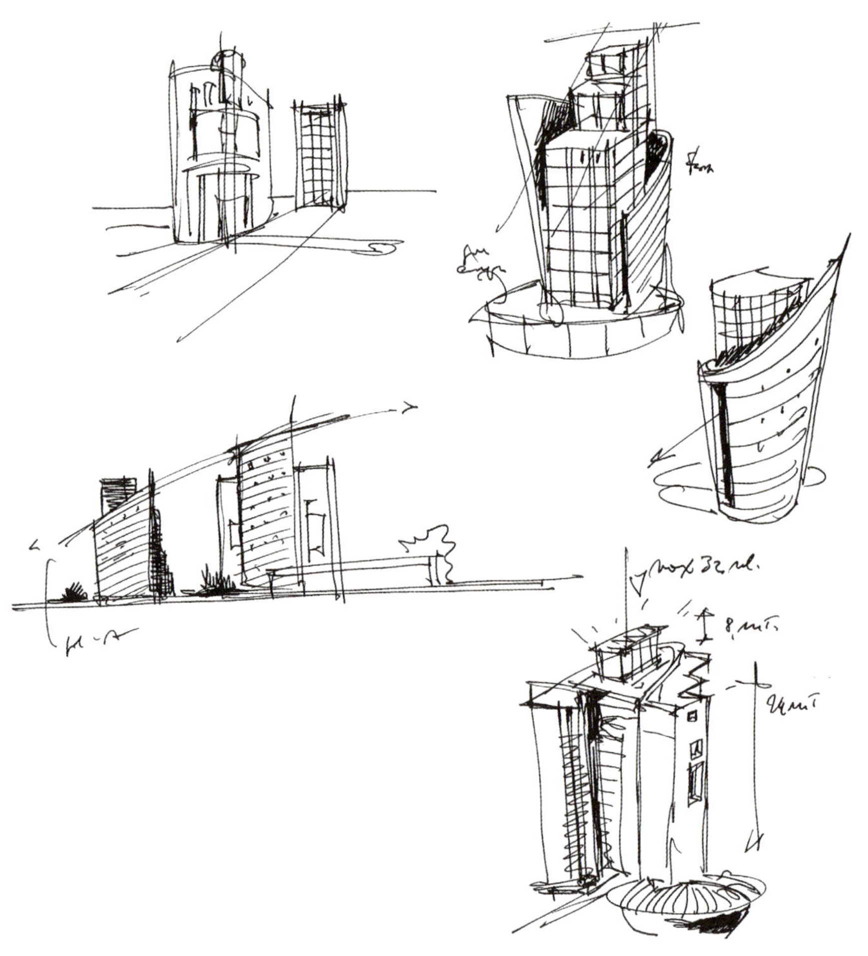

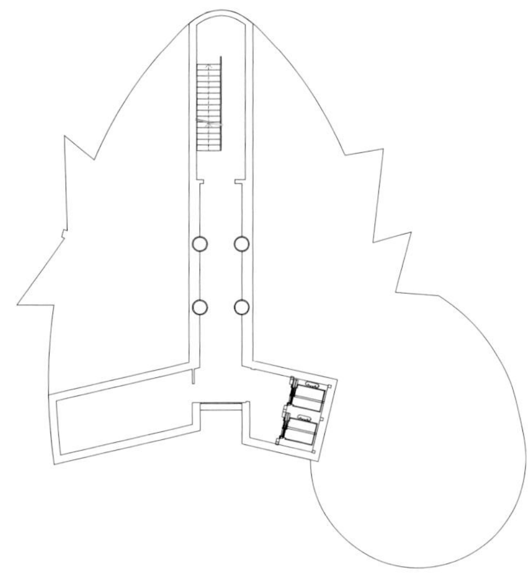
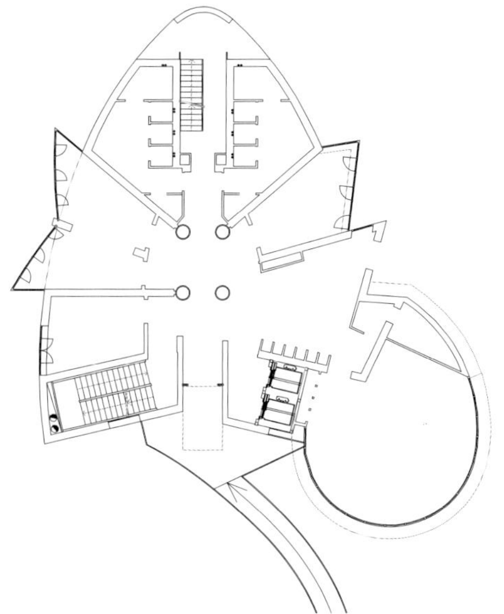

Level -1

Level 0

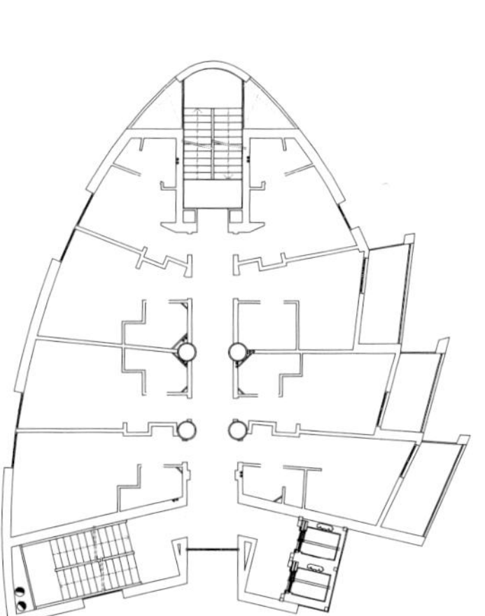

Level 1-2-3-6-7

Level 4-5

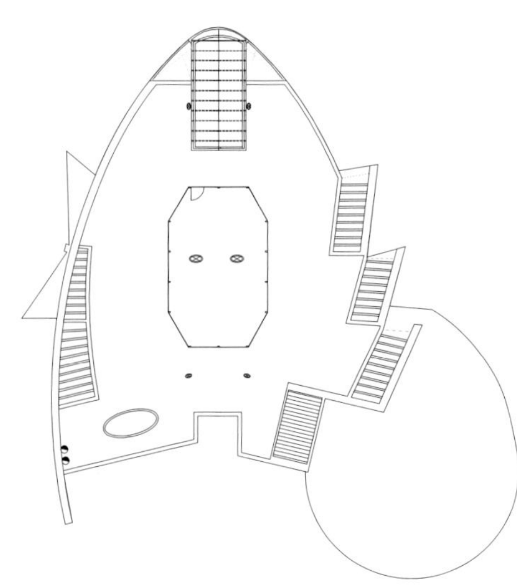

Level 8

Roof level

Loop Design Centre

Renovation
2000/2002
Castel San Pietro Terme, Bologna, Italy

The Loop Design Centre differs slightly with the other pieces of work in this volume in that it has a special value, not only in documenting the restoration of a silo from 1934, but it also represents an ambitious project for the architect, taking place in an experimental field with regards Architecture, Design and Communication, and moreover, it is for his own studio. The internal renovated spaces maintain all the existing metal elements (piping, walkways and fittings). The existing structures are contrasted with the new elements nearby, such as the external lift tower in a metallic framework and both the internal and external lighting studio, all of which highlight the strong regular features.

Il progetto del Loop Design Centre, rispetto agli altri lavori documentati in questo volume, assume un valore a parte perché non solo documenta il recupero di un silos del 1934 ma perché ha rappresentato per l'Autore la realizzazione di un ambizioso progetto di creazione di un luogo di sperimentazione nell'ambito dell'Architettura, Design e Comunicazione, nonché lo spazio operativo del proprio studio. Gli spazi interamente recuperati ripropongono con nuovi usi tutti gli elementi metallici esistenti (tubazioni, passerelle, raccordi, ecc). Alle strutture esistenti si affiancano per contrasto i nuovi elementi, come la torre dell'ascensore esterno in rete metallica e lo studio illuminotecnico esterno ed interno, che ne mettono in risalto la forte caratterizzazione formale.

Loop's history began one afternoon in October 1999.

Having lived in Castel San Pietro Terme for quite a few years, I must have passed by the abandoned building many times but I never really noticed it as often happens when something makes up a part of a familiar landscape.

Around that time I decided look for a new office and I was thinking about somewhere outside the city (the headquarters had been in the centre for 15 years), preferably an easily accessible and large place where it would be possible to build offices with a small laboratory.

In my professional life I had achieved many goals and the company was doing well, maybe just for this reason I had started to feel unsatisfied: I needed a new challenge, I was searching for a change.

That October afternoon, I stopped for the first time to have a look at that building and consider its dimensions. I wondered what the best way to bring it back to life. I thought long and hard about a possible function for such a large building. This is how the great adventure began. I started to research its history, the owner, and little by little came the idea of buying it and transforming it into the practice that I had imagined.

I soon found out that the building was still the property of the Agricultural Consortium and that it dated back to 1934. By that point it had been abandoned for about ten years, after being used as a grain silo, and so it was in a bad condition with broken windows and the wire fences pulled up. Over the years it had become a home to animals and birds, and therefore the interior was almost all inaccessible. It did, however, still have all its charm.

I was able to get inside even though it was not very accessible. The interior pathways were structured, but only to check the grain level. This meant the other levels could be reached via metal ladders and metal platforms linked the rooms with small 1.3-metre-high doors.
The opening and closing mechanisms for the grain output were situated on these platforms long ago. It was still possible to see marks on the wall where the maximum level was reached by the grain.

The old silo was actually one of the first examples of a building in reinforced concrete. The structure of the pillars, beams and floors was integrated with the walls, and it makes up the partition of perforated bricks and a double network with iron bars fixed manually with iron wire.

It was immediately clear that those spaces had to be made accessible and that this apparently simple task would be hard work. Nevertheless, the building's structure did not need consolidating. Its function as a grain silo, which included supporting large lateral forces, meant that it had a solid structure that had stayed intact over time.

Over the course of those years I visited some Design Centres in Europe and the United States. I was excited about the possibility of the exchange of information that these places offered, the air of a great *Agorà* for study and research on specific themes. As far as I was concerned, in this professional phase, I felt the need to compare the countless architectural, design and communication experiences, to create a place for cultural exchange on these subjects.

The more I went round those spaces, the more it made me realise that the building was perfect for bringing life to a project of the sort. No longer a studio with laboratories attached, it would be possible to have a cultural centre, a hub for meetings of an architectural, design and communication nature. Something that did not exist in Italy at the time, and that would have been able to pull together many professionals from diverse areas who would be united by curiosity and interest in planning and creativity. Together with them, the business would be able present their products, meet the designers to create new products, restyle existing products or create a strategy for innovative communication. In particular I thought about young people: the building could become a hotbed for new talent, providing an opportunity for the experimentation of ideas and offering an opportunity for contact with manufacturing businesses.

This is where the name *Loop* came from – like many words in English, it has various meanings. For example, the centre of Chicago is commonly known as the *Loop* because it is the place where everything happens.

This was my dream, which I tried to transform into reality, financing it all myself. Maybe it was too big a risk, from a certain point of view, but I thoroughly believed in it, as did all the collaborators, who have followed me with conviction and enthusiasm.

The organisation of the internal spaces of the project is as follows: on the top levels there is the professional studio, on the other floors there are areas for exhibitions, conventions, rooms for teaching and in the basement there is the real entrance area, a specialised library and a small restaurant. There is an amphitheatre in front of the building for events, which can hold up to 300 people.

The Design Centre, which is open to the public, should have had a scientific committee which would have planned a season of events and organised the cultural side of things. In terms of external communication, the project included a house organ and an web portal which have been active since the building opened. To complete the structure and open a bookshop, we came to an agreement with RIBA (Royal Institute of British Architects).

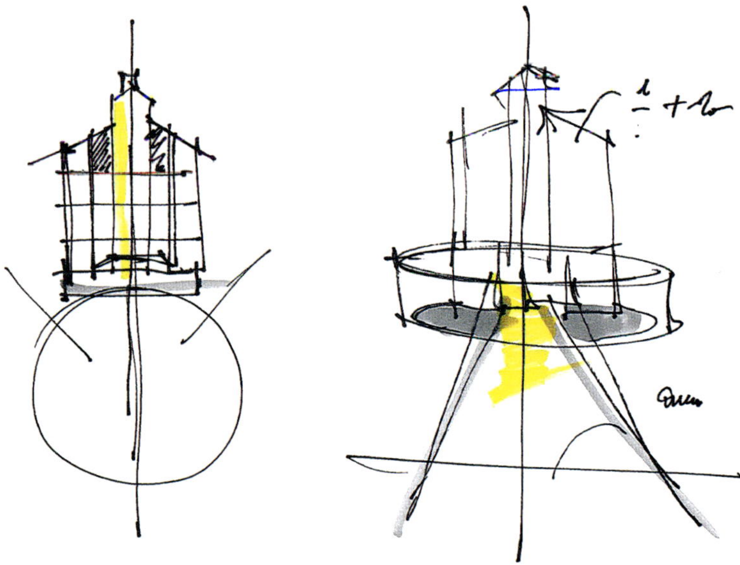

The Centre had the honour of hosting Sir Christopher Frayling, the then Rector at the Royal College of Art in London, who enthusiastically accepted an invite to write the preface to the brochure.

"The LOOP Design Centre is a very welcome initiative – combining exhibition facilities, conference and meeting spaces, a bookshop and research/information services. Francesco Coppola's conversion of an old agricultural building into a 21st century Design Centre is already a major achievement. The Centre's philosophy combines design-as-culture with design-as-business. It aims to provide a place for designers and businesspeople to meet and talk in splendid surroundings, to wire into the latest information, to put on exhibitions and promotions, and showcase their products in the galleries.

The latest research suggests that, although most businesses now understand the value of design, many are less sure about exactly how best to use design and designers. LOOP Design Centre should provide an excellent series of platforms on which to bring design and business closer together. This is an important and timely project."

June 2002
Professor Sir Christopher Frayling Rector,
Royal College of Art, London Chairman, Design Council

The same enthusiasm and wonder at seeing those spaces could be seen in all the other European professionals who saw those spaces whilst visiting the Centre. Their joy and amazement in seeing a dream that had been realised was palpable every time.

The project was designed and constructed in around 18 months. The main difficulty was in wanting to maintain the place's identity, which had had an unusual charm during the visit. Therefore all the technical equipment, the existing pipes, walkways used to check the level of the grain, the walls, all called for complete renovation and the insertion of plant engineering (electricity, data cables, mechanical systems etc.) to be integrated with the existing structure. The new features, the lift shaft and internal stairway, followed this logic and therefore we created suitable elements in oxidized iron, so that they would be perfectly integrated with the original metal features.

The project on the external tower was completely different. It had to house goods, an emergency stairway, the air-conditioning unit. This was built internally in steel, with a mesh covering so as to highlight the new project against the shape of the historic structure.

LOOP
DESIGN CENTRE

FEDERAZIONE ITALIANA
CONSORZI AGRARI

The Hothouse Effect: Intensify Creativity In Your Organization
Using Secrets From History's Most Innovative Communities
by Barton Kunstler
Examines the dynamics of communities that have stood out as
bastions of creativity and intellectual progress, such as ancient
Athens to the American jazz scene of the 20th century, and
identifies the factors that drove their ususual creative fervor.
Inside the book, a whole chapter about the Loop Design Centre is
titled: "A new Bauhaus in Bologna".

Cambridge University Professor Barton Kunstler's book *The HotHouse Effect* was
published in 2003 in the United States. It was a research project dedicated to creativity
in the world. Kunstler discovered the Loop Design Centre and contacted me for an
interview. In his book there is an entire chapter with the eloquent title '*A contemporary
Bauhaus* in Bologna', dedicated to the project and the dream I wanted to realise.

'*There are many outstanding creative design companies in the world whose mode of
operation is unconventional from a typical business perspective. LOOP Design Centre
is one of those companies that captures the hothouse spirit because it is not only
getting ready to become a place where ideas circulate, but also a place where ideas are
propelled all over the world.*'

In reality, the spirit of the project that Professor Kunstler, Professor Frayling and the
others immediately recognised, could not be understood anywhere in Italy by the
people who were able to participate in the project's development. I am referring to the
various institutional organisations and public and private managers who I had presented
the project to, with the aim (or illusion?) of creating a link of collaborations and design
synergy.

It saddens me to say that my country is not ready to welcome such an innovative idea
and try to understand the great ideas of development. At the end of his text Barton
Kunstler writes: '*Will the Loop Design Centre become a 21st Century Bauhaus? We
believe it will, at least we hope so as it could be a model for other businesses with the
same noble ambitions. A network of Hothouses could be born that would amplify the
future effect, with potential social, political and economic implications.*' Unfortunately,
none of this was ever realised.

La storia del Loop inizia un pomeriggio di Ottobre del 1999.

Abitando a Castel San Pietro Terme da diversi anni, ero sicuramente passato davanti
a quell'edificio abbandonato chissà quante volte e, come accade sempre quando un
oggetto, un edificio, un cartello, una pianta fanno parte del paesaggio noto, non mi ero
mai veramente accorto della sua esistenza.

Proprio in quel periodo avevo deciso di cercare un nuovo ufficio: pensavo a uno spazio
all'esterno della città (per 15 anni lo studio aveva avuto sede nel centro di Bologna), un
luogo facilmente accessibile e di grandi dimensioni per poter strutturare lo studio con un
piccolo laboratorio.

La mia esperienza professionale aveva raggiunto molti traguardi, lo studio navigava in
acque tranquille ... forse proprio per questa ragione una sorta di insoddisfazione aveva
iniziato a serpeggiare dentro di me: avevo bisogno di una nuova sfida, cercavo un
cambiamento.

Quel pomeriggio d'Ottobre, mi soffermai per la prima volta a osservare quell'oggetto in
tutta la sua dimensione e iniziai a chiedermi in che modo si sarebbe potuto farlo rivivere.
M'interrogavo su una possibile destinazione di un volume così grande. Fu così che iniziò
questa grande avventura. Diedi avvio alle ricerche sulla sua storia, la proprietà e, poco
alla volta, prese corpo l'idea di acquistarlo per trasformarlo nello studio che avevo in
mente di realizzare.

Scoprii presto che l'edificio era ancora di proprietà del Consorzio Agrario di Bologna e
che risaliva al 1934. Ormai abbandonato da quasi 10 anni, dopo essere stato utilizzato
come silos del grano, era allora in condizioni fatiscenti, i vetri rotti e le reti perimetrali
divelte. Nel corso degli anni era diventato un ricovero per animali e uccelli e pertanto
gli spazi interni erano quasi del tutto inaccessibili. Manteneva però intatta tutta la sua
bellezza.

Riuscii a trovare il modo di visitarlo all'interno anche se gli spazi interni erano
difficilmente accessibili: il sistema dei percorsi interno era strutturato, infatti, solo per
il controllo dei livelli del grano. Ciò comportava che ai piani si accedeva per mezzo
di piccole scale di metallo a pioli e, superate le porticine di accesso di soli m.1.30, si
procedeva sulle passerelle di metallo da un vano all'altro.

Da queste passerelle venivano un tempo azionati, per mezzo di grandi catene, i
meccanismi di apertura/chiusura per l'immissione del grano: sulle pareti erano ancora
visibili i segni del livello massimo che il grano poteva raggiungere.

Il vecchio silos era in realtà uno dei primi esempi di edifici in cemento armato. La
struttura dei pilastri, delle travi e dei solai s'integrava con le pareti, che alla suddivisione
con mattoni forati sommava una doppia rete di tondini di ferro fissate manualmente con
il fil di ferro.

Fu subito evidente che, per prima cosa, bisognava rendere accessibili quegli spazi e
questo lavoro, apparentemente il più semplice, si rivelò da subito molto impegnativo.
Ciò nonostante, la qualità strutturale dell'edificio era tale che non si resero necessarie
opere di consolidamento: la destinazione a silos del grano, che comportava la capacità
di sostenere grandi spinte laterali, si era tradotta in una struttura solida, che si era
mantenuta intatta e salda nel tempo.

Inside page of Loop Magazine

In quegli anni avevo visitato alcuni Design Center in Europa e negli Stati Uniti.
Ero affascinato dalla possibilità di scambio d'informazioni che questi luoghi offrivano,
l'aria di grande agorà d'interessi, studi, ricerche su temi specifici. Da parte mia, in quella
fase professionale sentivo la necessità di mettere a confronto le innumerevoli esperienze
fatte nell'ambito dell'architettura, del design e della comunicazione per creare un luogo
d'interscambio culturale su queste discipline.

Più mi aggiravo per quegli spazi, più mi rendevo conto che quell'edificio era perfetto per
dar vita a un progetto di quel tipo. Non più soltanto uno studio con laboratori annessi:
poteva essere un Centro culturale, un fulcro d'incontro sui temi dell'architettura,
del design e della comunicazione. Qualcosa che in Italia ancora non esisteva e che
avrebbe potuto far convergere in un unico centro tanti professionisti di aree diverse
ma accomunati dalla curiosità e dall'interesse verso la progettazione e la creatività;
e, insieme a loro, le aziende che avrebbero potuto sottoporre i loro prodotti,
incontrare i progettisti per creare nuovi prodotti, studiare il restyling degli esistenti
o creare una strategia di comunicazione innovativa. E soprattutto pensavo ai giovani:
quell'edificio poteva diventare una vera fucina di nuovi talenti, fornire una possibilità di
sperimentazione di idee e offrire un'opportunità di contatto con le aziende produttrici.

Ecco da quale spirito nacque la scelta del nome. *Loop*, come molte parole della lingua
inglese, ha vari significati: *laccio, anello, occhiello, ciclo*; ma anche *raccordo, collegare in
circuito*; il centro di Chicago, ad esempio, è comunemente chiamato *The Loop* proprio
perché è *il luogo in cui avviene tutto*.

Tutto questo, e molto altro, era il mio sogno, che ho cercato di tradurre in realtà
contando solo sulle mie forze economico-finanziarie: una scommessa forse anche troppo
grande o un progetto troppo ambizioso, sotto un certo punto di vista, ma nel quale ho
creduto fino in fondo. E, insieme a me, tutti i miei collaboratori di allora, che mi hanno
seguito con convinzione e entusiasmo.

Il progetto, nell'organizzazione degli spazi interni seguì questa logica: negli ultimi livelli
lo studio professionale, negli altri piani aree per mostre, convention, aule per la didattica
e al piano interrato, la vera area d'ingresso, una libreria specializzata e un piccolo
ristorante.Con lo scavo dell'area antistante l'edificio si realizzò uno spazio per eventi ad
anfiteatro che poteva contenere fino a 300 persone.

Il Design Centre, aperto al pubblico, avrebbe dovuto avere un comitato scientifico,
che avrebbe programmato il calendario degli eventi e la linea culturale. Sul fronte della
comunicazione esterna, il progetto includeva un house organ e un portale internet
che fu attivato fin dalla sua apertura. A completare la struttura si era cercato e trovato
un accordo per aprire una libreria in collaborazione con Riba (Royal Institute of British
Architects).

Il Centro ebbe l'onore di ricevere la visita di Sir Christopher Frayling, a quell'epoca Rettore del Royal College of Art di Londra , che accettò con entusiasmo di scrivere la prefazione alla brochure.

"LOOP Design Centre, un'iniziativa a cui diamo il benvenuto, ospita al suo interno spazi e strutture per mostre ed eventi, un bookshop, servizi di ricerca e di consulenza. La trasformazione - realizzata da Francesco Coppola - di un ex Consorzio agrario in un Centro di Progettazione del XXI secolo è già un'opera di riferimento. La filosofia del Centro nasce dalla sintesi fra un concetto di design in quanto cultura e il design inteso dal punto di vista della produzione industriale. LOOP Design Centre è un luogo destinato a designer e operatori del settore perché possano incontrarsi, discutere, informarsi sulle ultime novità, allestire eventi, promozioni e presentare i proprio prodotti; tutto questo in un ambiente di grande bellezza.

Le ultime ricerche indicano che, sebbene la maggior parte degli imprenditori siano oggi coscienti dell' importanza del design, tuttavia, pochi sono quelli che sanno esattamente come usare correttamente il design e i designer. LOOP Design Centre si propone di fornire preziose opportunità d'interazione tra design e impresa. Si tratta, quindi, di un progetto importante e in sintonia con i nostri tempi."

June 2002
Professor Sir Christopher Frayling Rector,
Royal College of Art, London Chairman, Design Council

La stessa entusiastica accoglienza, la stessa meraviglia nel visitare quegli spazi, si poterono osservare in tutti gli altri professionisti europei che ebbero modo quell'anno di conoscere il Centro: la gioia e lo stupore di veder realizzato anche un loro sogno erano ogni volta palpabili.

L'intervento sull'edificio è stato progettato e realizzato in circa 18 mesi. La difficoltà maggiore è consistita nel voler mantenere l'identità del luogo, che trasmetteva una particolare fascinazione durante le visite. Pertanto tutte le attrezzature tecniche, le tubazioni esistenti, le passerelle utilizzate per il controllo del livello del grano, le stesse murature, necessitavano di un recupero totale e gli inserimenti impiantistici (linee elettriche, linee dati, impianti meccanici, ecc) andavano integrati con l'esistente. I nuovi inserimenti, il corpo ascensore e la scala interna, seguirono questa logica e pertanto si crearono appositi elementi in ferro ossidato tali da essere perfettamente integrati con il metallo originale presente .

Totalmente diverso fu l'approccio progettuale relativo alla torre esterna, che doveva contenere il montacarichi, le scale di sicurezza e le macchine dell'impianto di climatizzazione: questa fu realizzata interamente in acciaio, con un rivestimento in rete forata in modo da evidenziare il nuovo intervento rispetto alla sagoma dell'edificio storico.

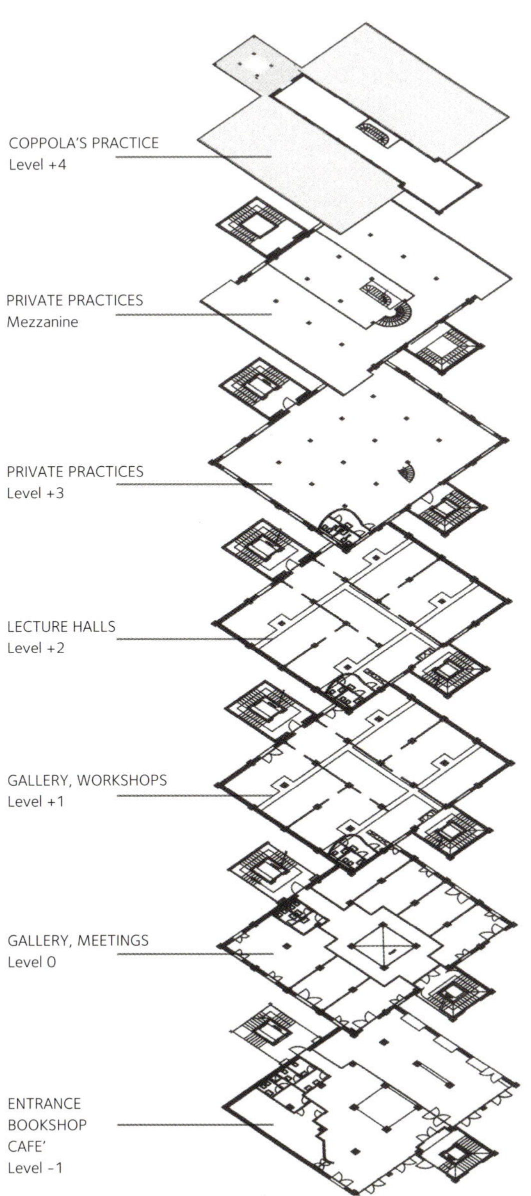

COPPOLA'S PRACTICE
Level +4
PRIVATE PRACTICES
Mezzanine
PRIVATE PRACTICES
Level +3
LECTURE HALLS
Level +2
GALLERY, WORKSHOPS
Level +1
GALLERY, MEETINGS
Level 0
ENTRANCE
BOOKSHOP
CAFE'
Level -1

Nel 2003 fu pubblicato negli Stati uniti il libro *The HotHouse Effect* di Barton Kunstler, Professore alla Cambridge University: una ricerca sui luoghi dedicati alla creatività nel mondo. Kustler scoprì il Loop Design Centre attraverso il portale e mi contattò per un'intervista. Nel suo libro un intero capitolo dall'eloquente titolo *"Una nuova Bauhaus* a Bologna" è dedicato al progetto e al sogno che volevo realizzare.

In particolare riporta la seguente frase:
"Ci sono molte aziende importanti che si occupano di creatività e design nel mondo il cui modo di operare è certamente non convenzionale rispetto ai modelli tradizionali. Loop Design Centre possiede lo spirito di una Creative Hothouse perché non solo si appresta a diventare un luogo dove circolano le idee, ma un luogo dal quale le idee vengono propulsate in tutto il mondo. "

In realtà, quello che era lo spirito del progetto, che il Professor Kustler, il Professor Frayling e gli altri colsero immediatamente, non venne in alcun modo compreso in Italia e sul territorio da chi poteva in qualche modo partecipare allo sviluppo di questo centro di ricerca. Mi riferisco ai vari organi istituzionali, ai manager pubblici e privati a cui il progetto e le sue potenzialità furono esposti nell'intento (o illusione?) di creare un link, una rete di collaborazioni e sinergie progettuali.

Rattrista ancora oggi dover ammettere che il mio Paese non era forse pronto per accogliere un'idea così fortemente innovativa e comprenderne le grandi possibilità di sviluppo. Barton Kunstler alla fine del suo testo: *"Loop Design Centre diventerà una Bauhaus del XXI secolo? Siamo fiduciosi e, speriamo, per lo meno, che possa servire da modello per altre aziende con le stesse nobili ambizioni. Potrebbe sorgere un network di Hothouses che ne amplificherebbe l'effetto, in futuro, con potenti implicazioni sociali, politiche ed economiche."* Così non è avvenuto.

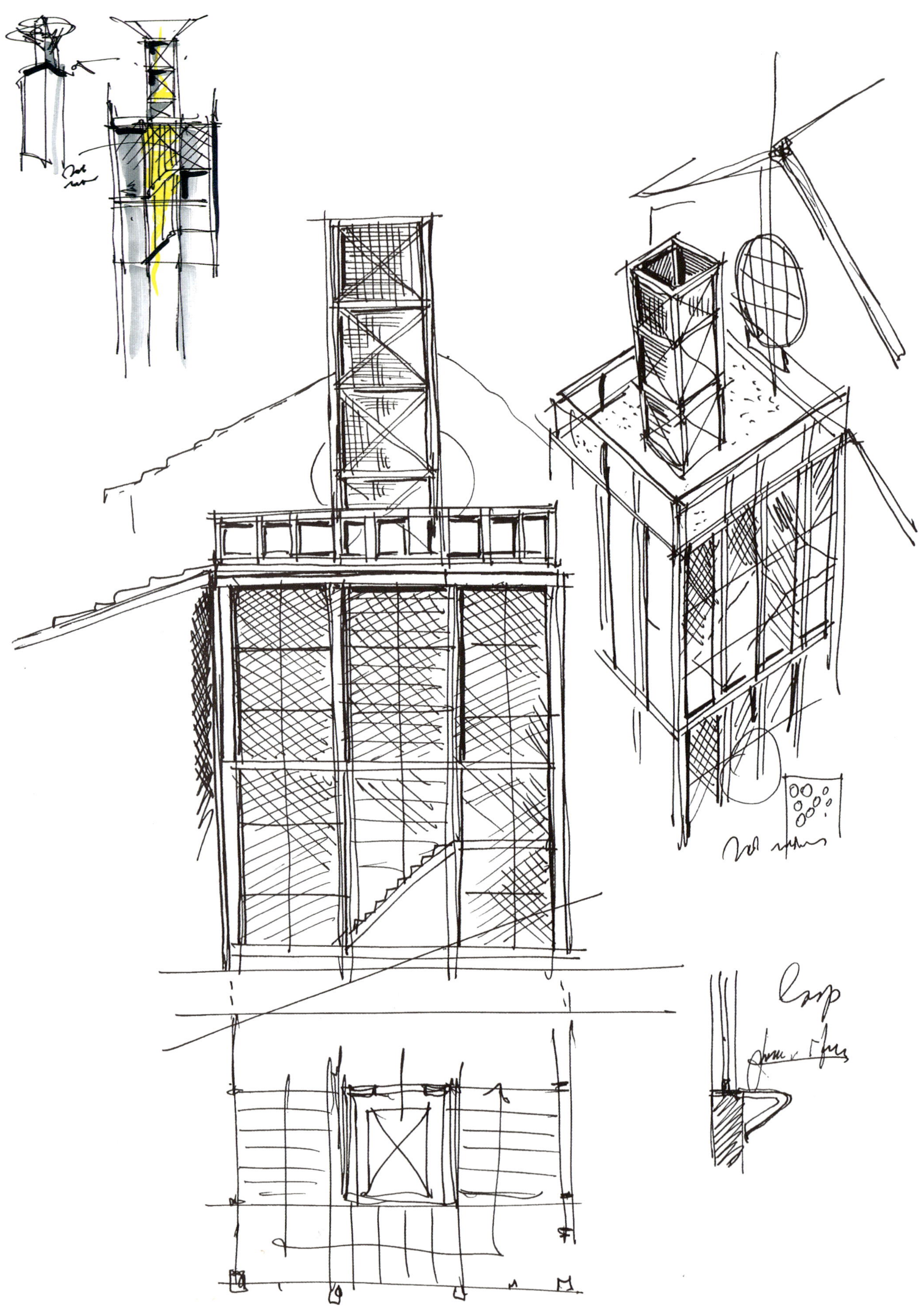

South elevation

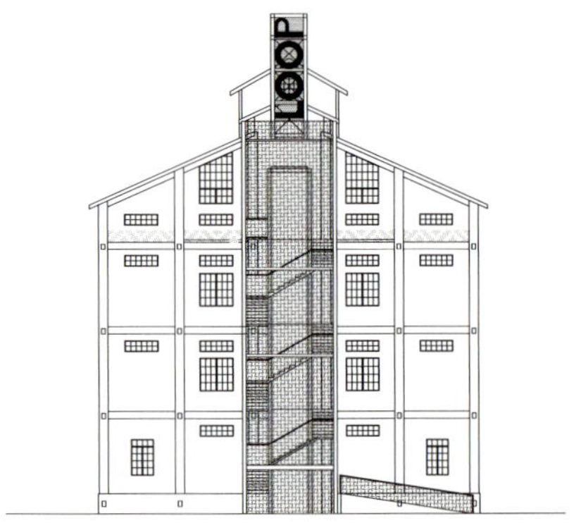

North elevation

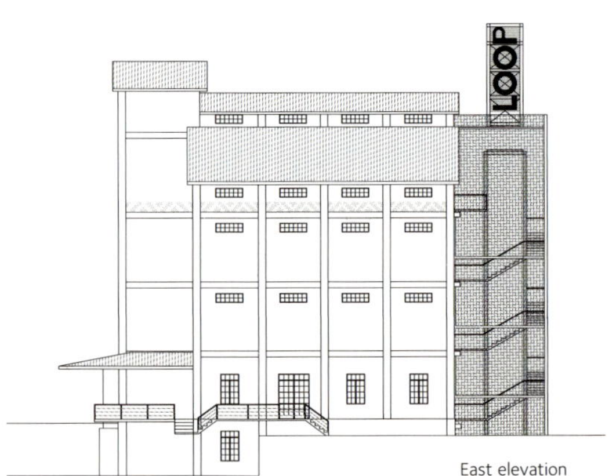

East elevation

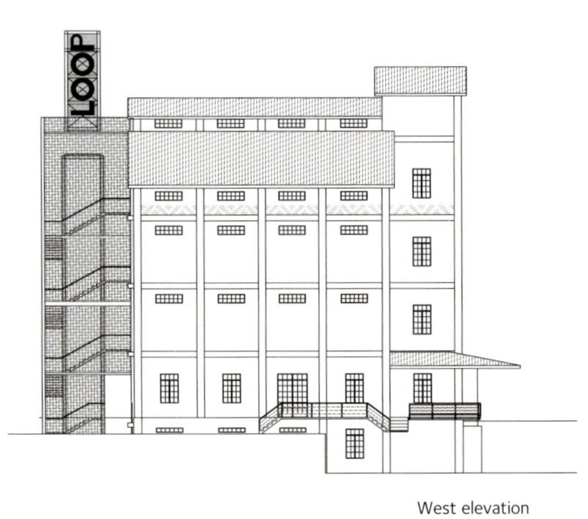

West elevation

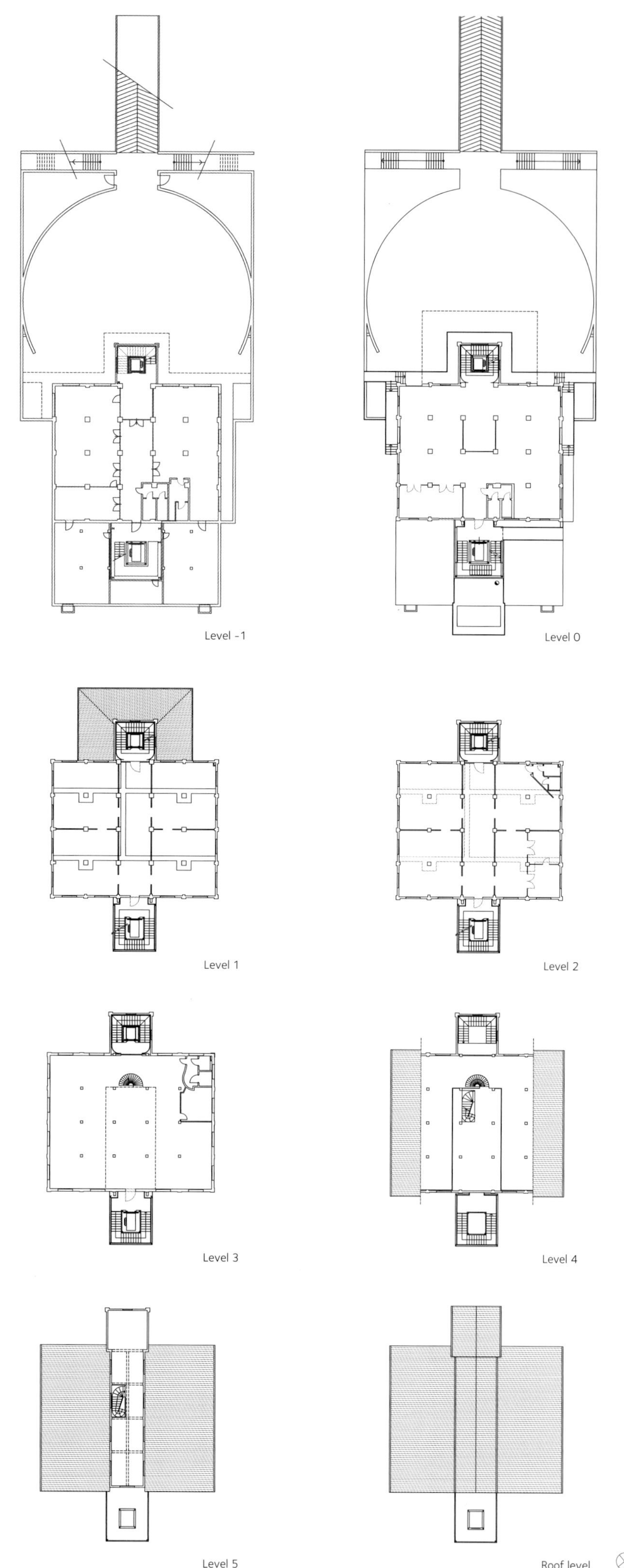

Level -1

Level 0

Level 1

Level 2

Level 3

Level 4

Level 5

Roof level

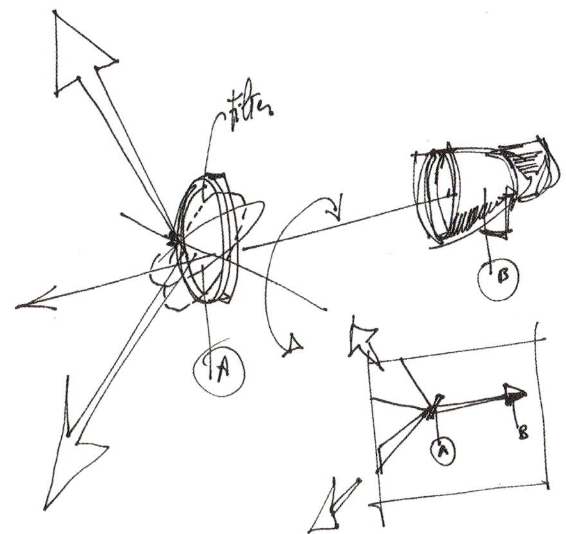

The decorative effect of this lamp is obtained by using a lens over
illuminated shapes to create coloured effects. By observing the lenses
I noticed that the beam of light had one colour but that which was reflected
assumed another. Placed correctly over the front, effects are created by a
small rotation of the lens which can change the size and the effect.

*L'effetto decorativo di questa lampada è ottenuto dalla lente che viene
utilizzata sui corpi illuminanti per creare gli effetti colorati. Osservando
la lente mi sono accorto che il fascio di luce attraversando la lente
ha una colorazione ma la parte che viene riflessa ne assume un'altra.
Opportunamente posizionata rispetto alla fonte luminosa si creano gli
effetti sulla parete e con una piccola rotazione della lente possono variare
le dimensioni e gli effetti.*

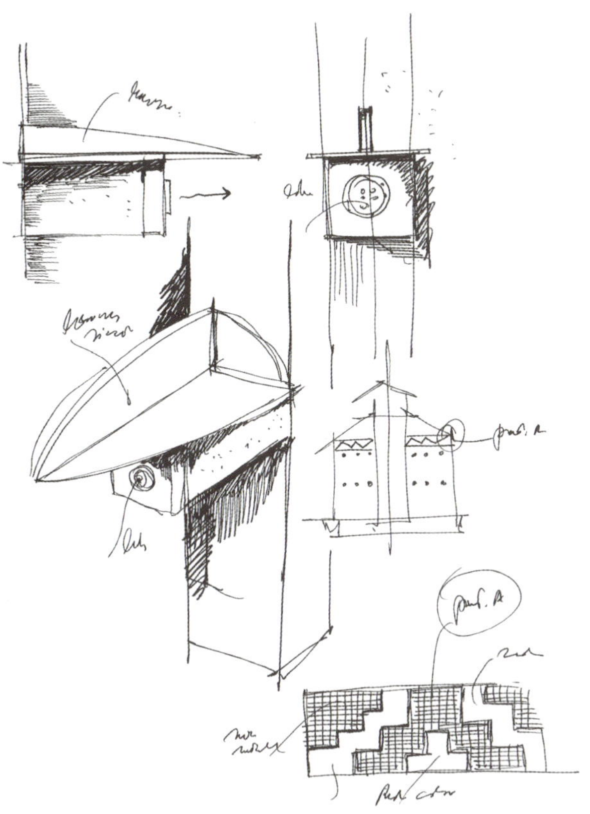

The spaces on the top floors: Coppola's studio

The lighting of the exhibition rooms and the classrooms is guaranteed through a series of perforated discs, created with a design incorporating five illuminating shapes with dimmer. A florescent bulb is at the centre of the disc. The original pipes have been modified, and the disc has been treated with oxidising materials.

L'illuminazione delle sale espositive e delle aule didattiche viene garantita da una serie di dischi in rete forata realizzati su disegno che incorporano n.5 corpi illuminanti ad incasso dimmerabili. Al centro del disco una lampada fluorescente. Le tubazioni sono quelle originali modificate, il disco è trattato con materiali ossidanti.

Bestseller Italy, Loop extension

Offices and showrooms
2008/2012, Project
Castel San Pietro Terme, Bologna, Italy

The extension of the building covers the entire area in front of the Loop Design Centre. It includes the construction of a 4-metre-high road with large spaces on either side intended as showrooms and an underground level housing garages and storage space. The all-glass building faces out onto the same road and outside there is a basement for garages and storage space. The circular courtyard, which provides a link between the old and the new office, becomes the heart of the complex and it is from here that all the working spaces can be accessed. The materials maintain the character of the old building with the weathering iron that was used in their construction. The building is covered with a green roof.

L'ampliamento dell'edificio si sviluppa sull'intera area antistante il Loop Design Centre. Il progetto prevede la realizzazione di una strada alla quota – 4,00 metri ai cui lati sorgono ampi spazi destinati a showrooms e un piano fuori terra. Questo edificio, interamente vetrato, si affaccia sulla stessa "strada" interna e sull'esterno, un ulteriore piano interrato contiene le autorimesse e depositi. La corte circolare, che fa da cerniera tra il nuovo e vecchio edificio, diviene il cuore del complesso e funge da accesso a tutti gli spazi operativi. I materiali recuperano il carattere del vecchio edificio con ferro ossidato. La copertura è trattata con tetto verde.

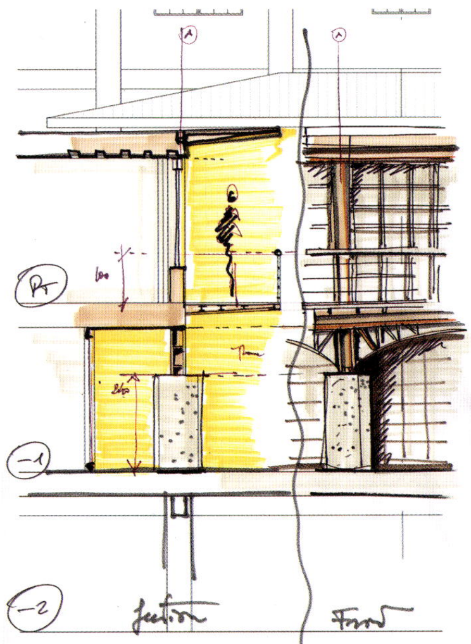

The main difficulty in drawing up an extension plan was the typology of the new building to be constructed, which needed to adhere to the historic buildings' rigid compliances. To maintain the character of the current headquarters and its formal identity it was decided that the entire building be constructed underground, in such a way as to give the parts an open connection which takes on the characteristics of the 'road' and will be turned into showrooms. The circular space at the front will become a welcoming area for the entire complex with a glass roof over the two access ramps. On the ground floor there is a space surrounded by glass, which takes on characteristics from the old building, used for offices and meeting rooms. The flooring, the walls and the fixtures all take on the character of the current building.

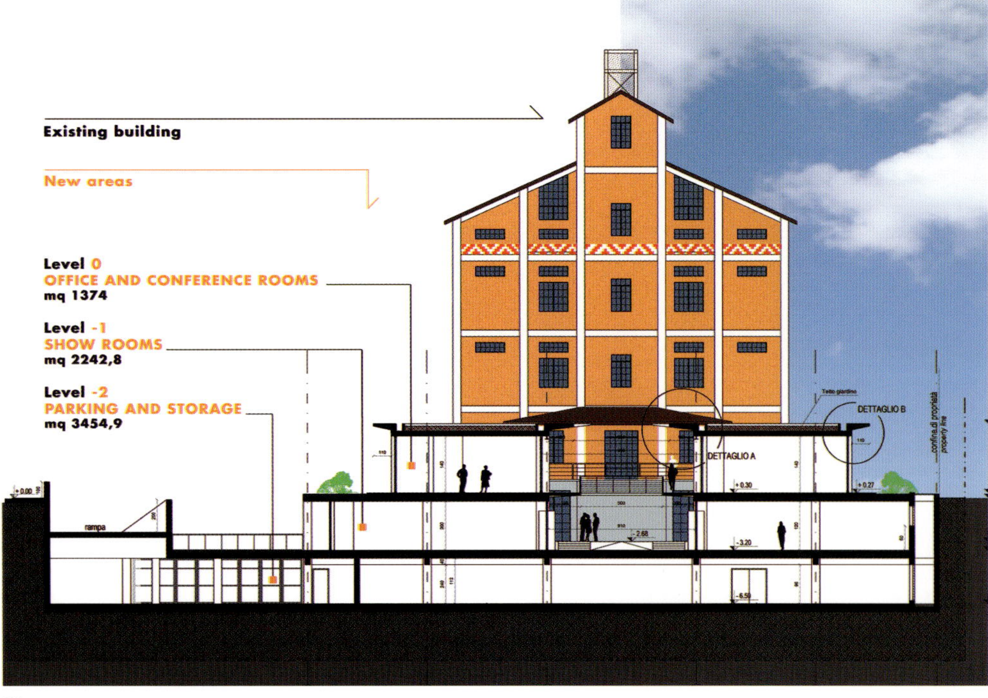

Bestseller Italy, Loop extension
2008/2012, Project
7700 square metres
Structure in prefabricated reinforced concrete
Oxidised iron, plaster, green roof

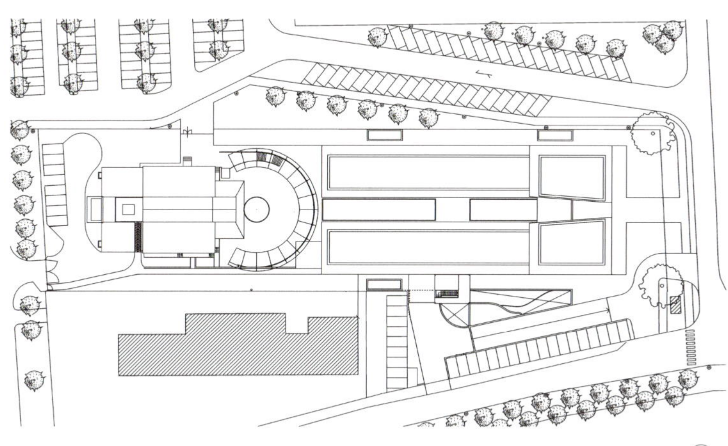

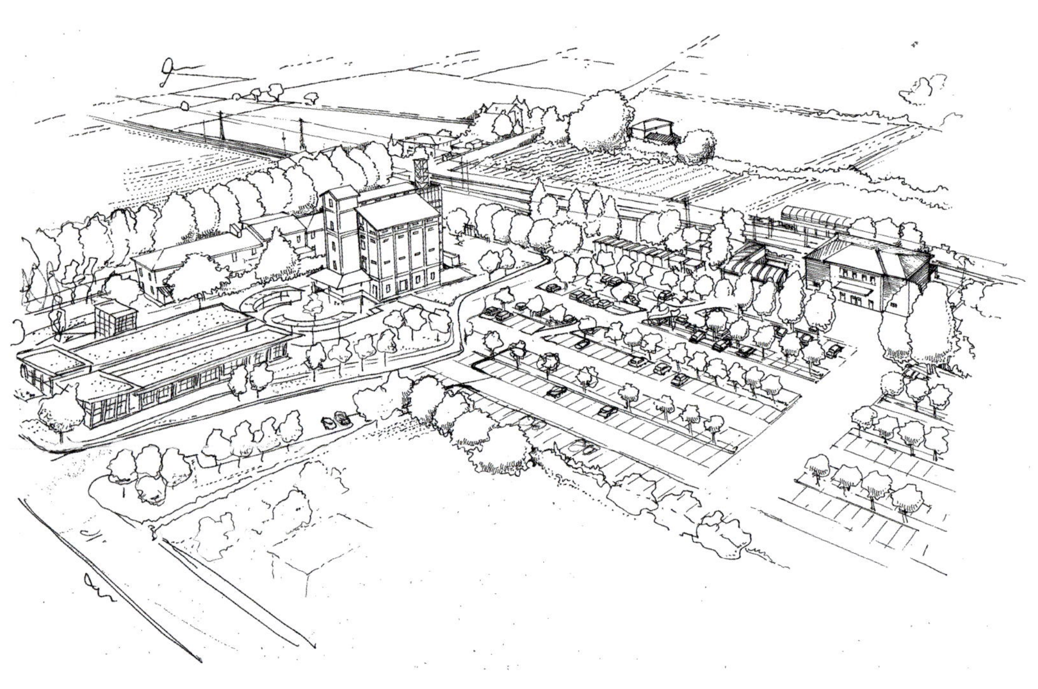

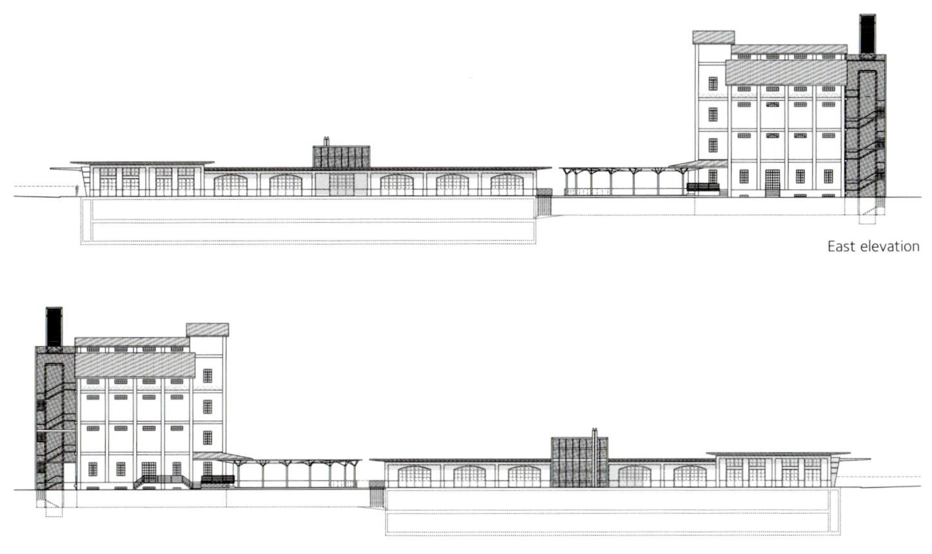

East elevation

West elevation

La maggiore difficoltà nel redigere il progetto di ampliamento e' dovuta alla tipologia del nuovo edificio da realizzare, in aderenza all'edificio storico che presenta una connotazione formale molto spiccata. Per mantenere il carattere dell'attuale sede e la sua identità formale, si è scelto di realizzare l'intero complesso al di sotto della quota del terreno, in modo da relazionare le parti con un collegamento aperto che, per la destinazione a showrooms, assume il carattere di "strada". Lo spazio circolare antistante diventa la zona di accoglienza dell'intero complesso con una copertura in vetro delle due rampe di accesso.
Al piano terra un volume totalmente vetrato, che riprende morfologicamente i caratteri dell'antico edificio, accoglie gli uffici e le sale riunioni. Le pavimentazioni, le pareti e gli infissi riprendono la caratterizzazione dell'edificio esistente.

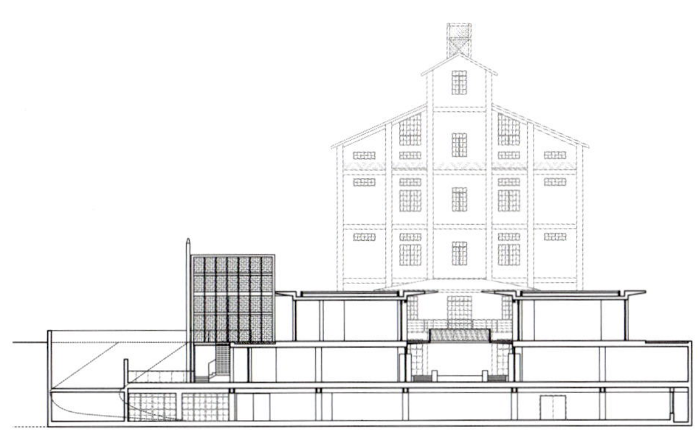

Section

Hotel Monte Del Re

Interior design and swimming pool
1988
Dozza (BO), Italy

Housed in a former convent, the hotel is located at the top a hill surrounded by breathtaking landscape. There is church inside the building with two cloisters, which are used for events. The project consisted of organising the internal spaces which had undergone a radical transformation during the building's renovation. The spaces have been fitted out with fine fabrics and furniture designed specially to hide the transformation of the environments.

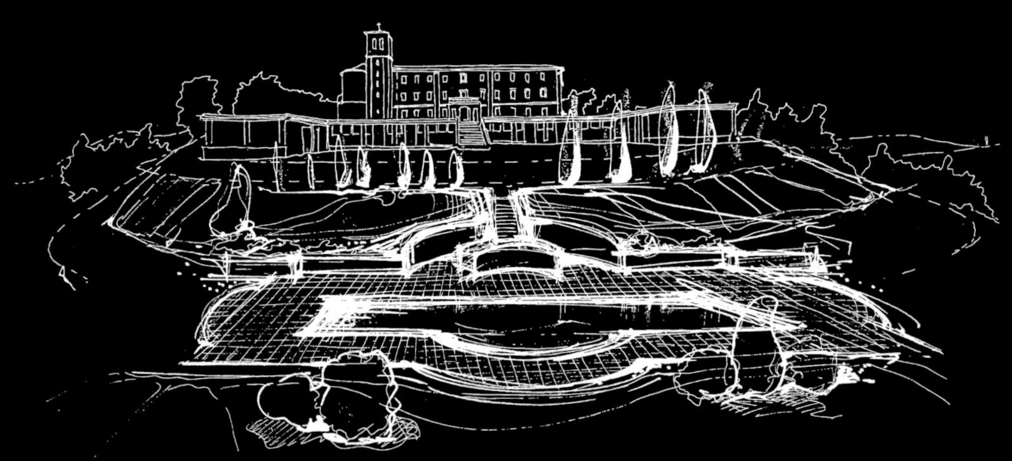

La struttura alberghiera, che ha trasformato un edificio in precedenza sede di un antico Convento francescano, è collocata sulla sommità di una collina di grande pregio paesaggistico. Il complesso presenta al suo interno una chiesa e due chiostri, che sono stati destinati a eventi. L'intervento progettuale è consistito nell'allestimento degli interni, che avevano subito una trasformazione radicale in occasione della ristrutturazione del complesso. Gli spazi interni, pertanto, sono stati allestiti con ricchezza di tessuti e mobili su disegno per occultare la trasformazione degli ambienti.

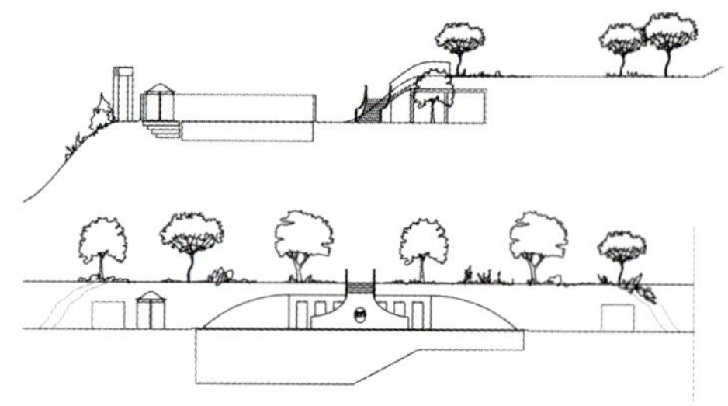

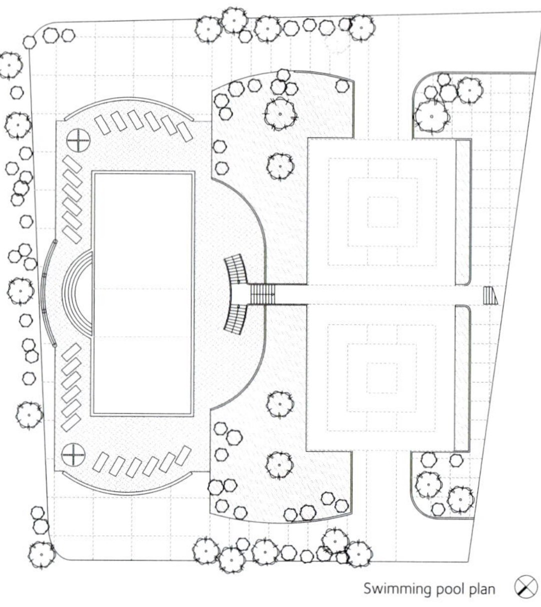

Swimming pool plan ⊗

The plan for the swimming pool is in front of the building, facing the surrounding plain, whilst the spaces that contain the technical areas have been covered by plants.

The shape of the pool is rectangular and is parallel with the external stairway that connects with the building. The flooring is made from natural stone.

Hotel Monte Del Re
1988
3800 square metres
Existing structure
Fine fabrics and furniture, natural stone floors

Il progetto della piscina si sviluppa nell'area antistante il complesso alberghiero e si affaccia sulla pianura circostante, mentre i volumi che contengono i locali tecnici sono stati schermati con la vegetazione.

La forma della piscina è regolare e in asse con la scala esterna che conduce al complesso. La pavimentazione è realizzata in pietra naturale.

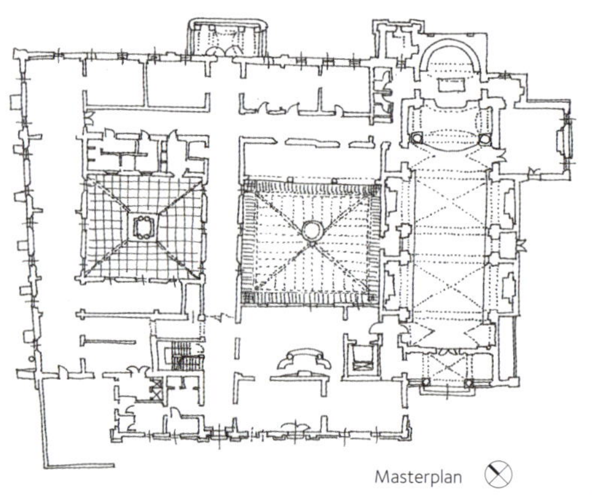

Masterplan

Città di Toscanella

Residential complex and urban park
2000/2012
Toscanella di Dozza, Bologna, Italy

This project represents a scale model of a neighbourhood where public space
takes on the role of a connective tissue between the dwellings. The urban park
exemplifies the complex with water fountains, walkways, rest points, space for
children and adults and a square with commercial spaces and offices, becoming
the heart of the small urban centre and creating an ideal meeting point. The
dwellings all face onto this space and are equipped with walkways and cycle
paths, keeping all other traffic outside. The circular space with doors harks
back to the architectural traditions of the region and great examples of lighting
characterise the collective spaces.

Questo intervento rappresenta in piccola scala un modello di quartiere,
dove lo spazio pubblico assume il ruolo di tessuto connettivo tra le residenze.
Il parco urbano caratterizza il complesso con la presenza di specchi d'acqua
e fontane, percorsi e luoghi di sosta, spazi per bambini e adulti. La piazza con
spazi commerciali ed uffici diviene il cuore del piccolo centro urbano e ne
crea il polo di aggregazione. Le residenze si affacciano tutte su questo spazio
interamente pedonale e attrezzato con piste ciclabili mantenendo all'esterno il
traffico veicolare. La piazza circolare con i portici, che recuperano la tradizione
architettonica della regione, e i grandi elementi di illuminazione caratterizzano gli
spazi collettivi.

Città di Toscanella
2000/2012
46000 square metres
Structure in reinforced concrete.
Facing in plaster and red brick.
Copper roofing, copper towers, communal space floor in natural stone.

Model of the first masterplan

Planivolumetrico of the realised project

The residential complex, constructed after the destruction of a 45,000-square-metre industrial area, has transformed a forgotten area into an urban centre. The town, which can be found along the Via Emilia, has been organised like a model of a town with a circular *piazza* and a path that leads to a large park area. Unlike the usual planning system that sees residential areas surrounded by roads, the proposed solution came up against some noteworthy obstacles before it was approved, seven years later!

The idea was to create an urban park around which the residential area would be developed. The park is complete with ponds, spaces for children to play, seats for resting and a network of cycle paths. The park's identity is characterised by four towers covered in copper which outline the pathways and include lighting fixtures. The circular *piazza* includes porticoes and a covered walkway in front of the businesses. Just like in the historic centres, the *piazza* opens out onto the town hall and the church, creating a visual link between the various buildings.

The homes are made up of blocks of two five-storey buildings, each opening onto the internal space, whilst external access comes via the road which is outside the complex. From a design aspect, the spaces include areas which contain covered balconies and are closed off at the top by curved copper covers.

The project had to undergo various modifications with respect to the original version, which had in it a large area of water that almost completely covered the central part and was intended as an experimental laboratory for alternative energy. This was abandoned, due to a change of intentions on behalf of the client.

As Le Corbusier said: *'the client defines the project because it is the client that chooses, decides and pays'.*

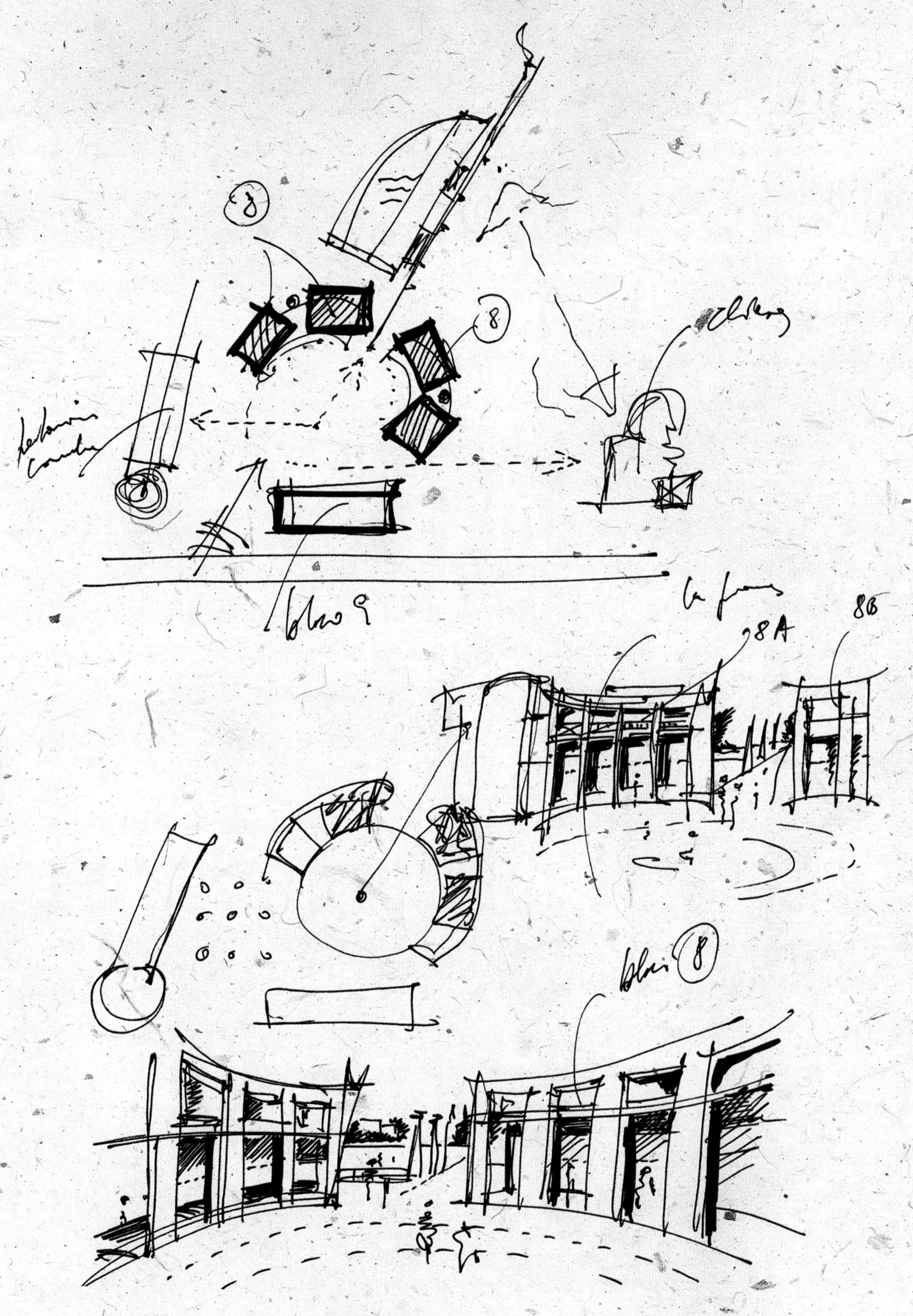

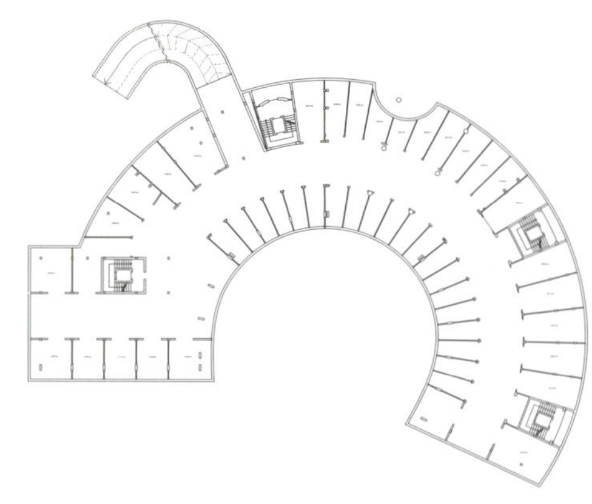

Level -1

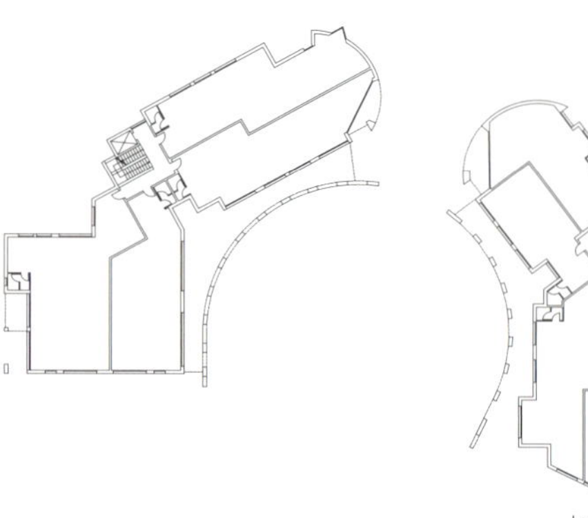

Level 1

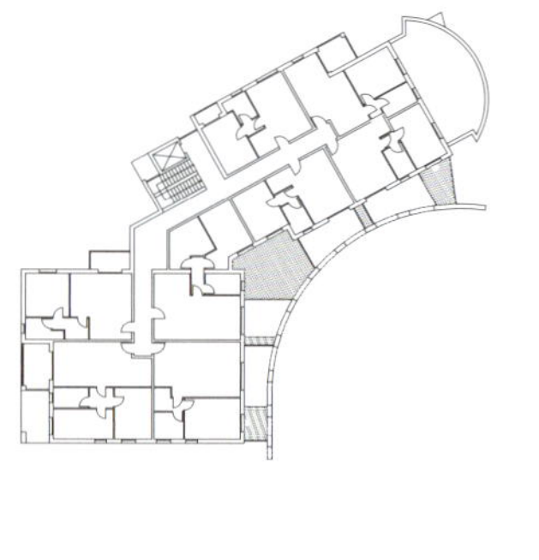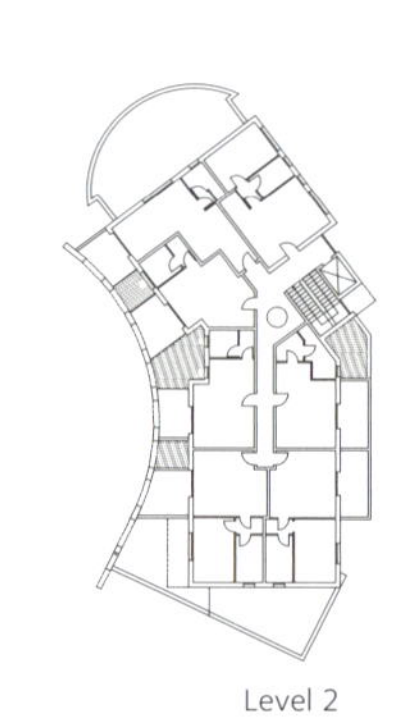

Level 2

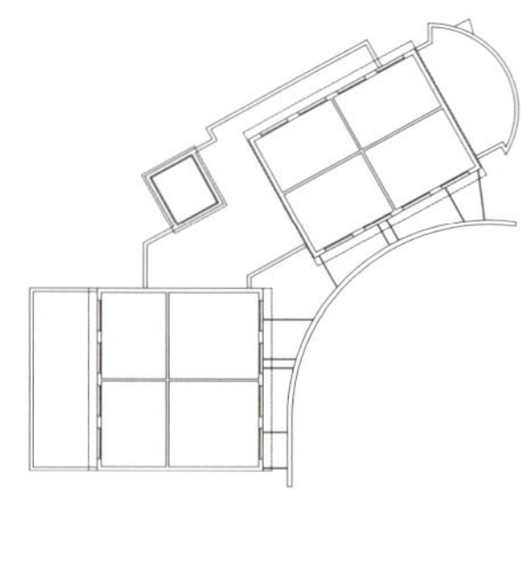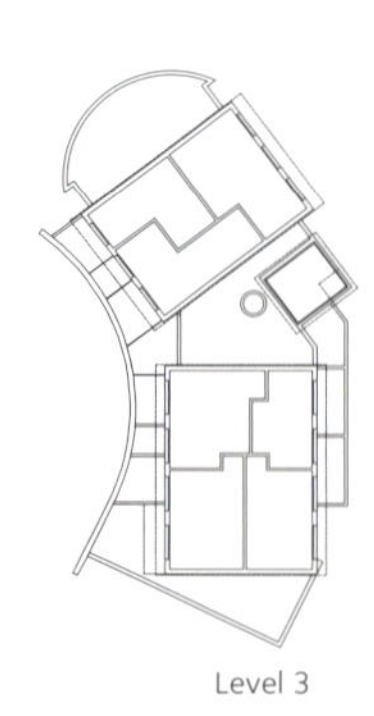

Level 3

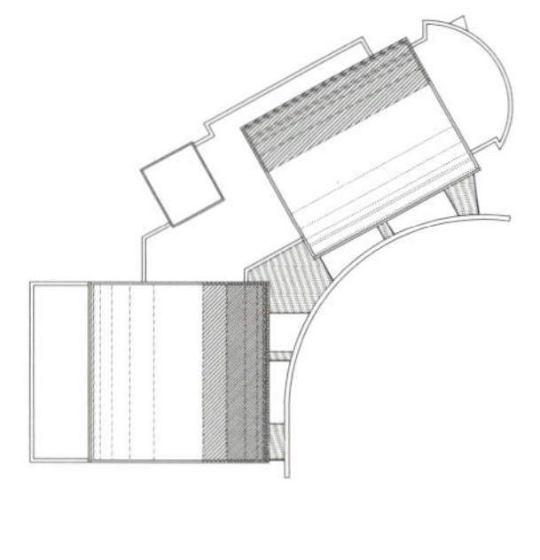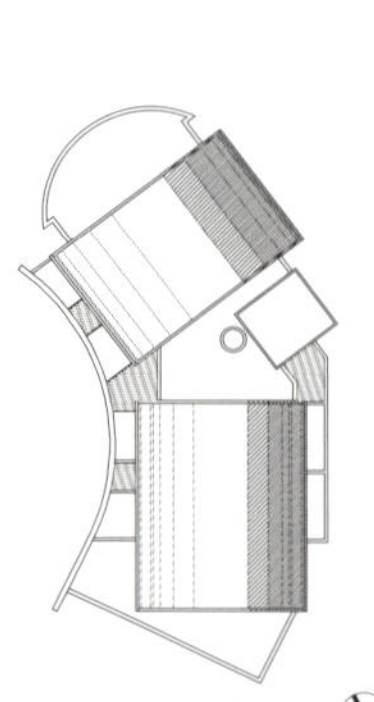

Roof level

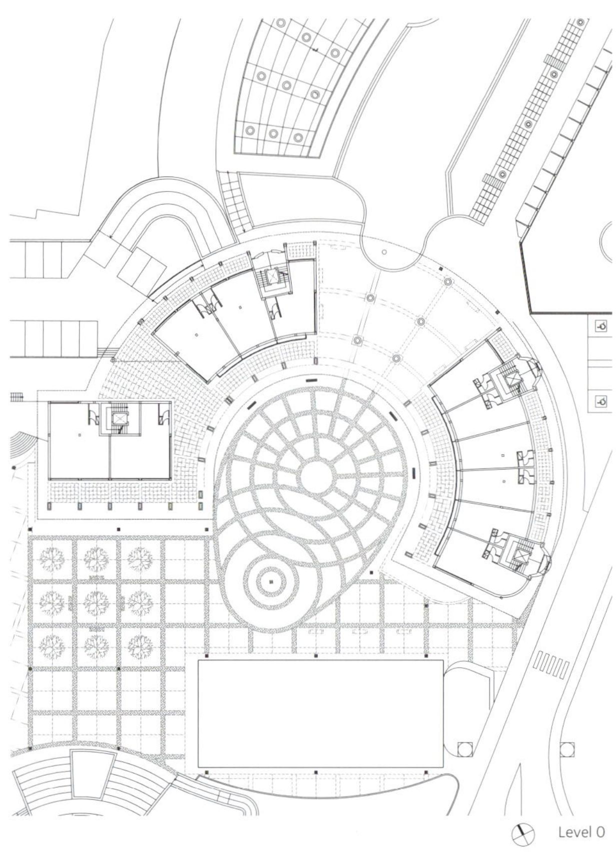

Level 0

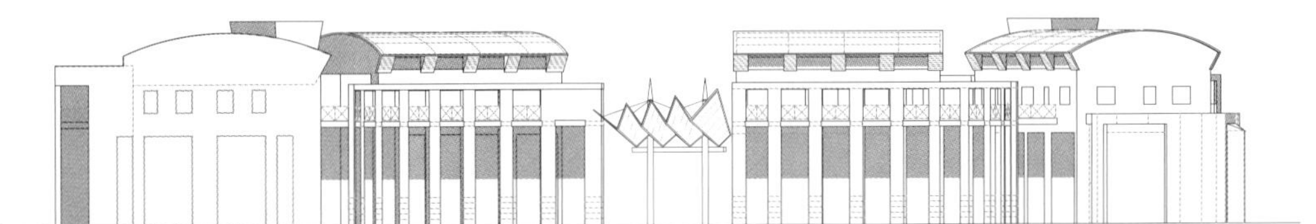

Elevation

Il complesso residenziale, nato a seguito della demolizione di un'area industriale di circa 45.000 mq, ha trasformato quest'area dismessa nel centro urbano di questa piccola cittadina.

L'area, che sorge lungo la Via Emilia, viene organizzata come modello di città con una piazza circolare ed un percorso che, partendo dalla stessa, si apre su una grande area attrezzata. Lontana dai piani di lottizzazione abitualmente in uso, che prevedono le aree residenziali circoscritte dagli assi viari, la soluzione proposta ha trovato notevoli ostacoli alla sua approvazione (ben 7 anni!).

L'idea ispiratrice è stata quella di creare un parco urbano attorno al quale sviluppare le residenze. Lo stesso parco è attrezzato con specchi d'acqua, spazi per il gioco dei bambini, una gradinata per la sosta e una serie di percorsi ciclopedonali. La caratterizzazione formale di questa vasta area è costituita da 4 torri rivestite in rame, che segnano il percorso e includono i corpi illuminanti. La piazza circolare riprende la tipologia dei portici con un percorso coperto su cui si affacciano le attività commerciali. Come nella città storica la piazza si apre verso il palazzo comunale e verso la chiesa, creando un collegamento visivo tra i vari edifici.

Le residenze sono costituite da blocchi composti da due palazzine di 5 piani, che si aprono sullo spazio interno, mentre l'accesso avviene dalla parte esterna attraverso le vie carrabili che rimangono esterne all'intero complesso. Formalmente i volumi presentano delle quinte forate, che contengono le logge e sono chiusi in alto da coperture curve in rame.

Il progetto realizzato ha dovuto subire varie modifiche rispetto a quello originario, che prevedeva un grande specchio d'acqua che copriva quasi totalmente l'area centrale e voleva essere un laboratorio di sperimentazione per le energie alternative. Così non è stato per scelte fatte dal cambio d'indirizzo della committenza.

Come diceva Le Corbusier: *"Il cliente definisce il progetto perché è quello che sceglie, decide e paga."*

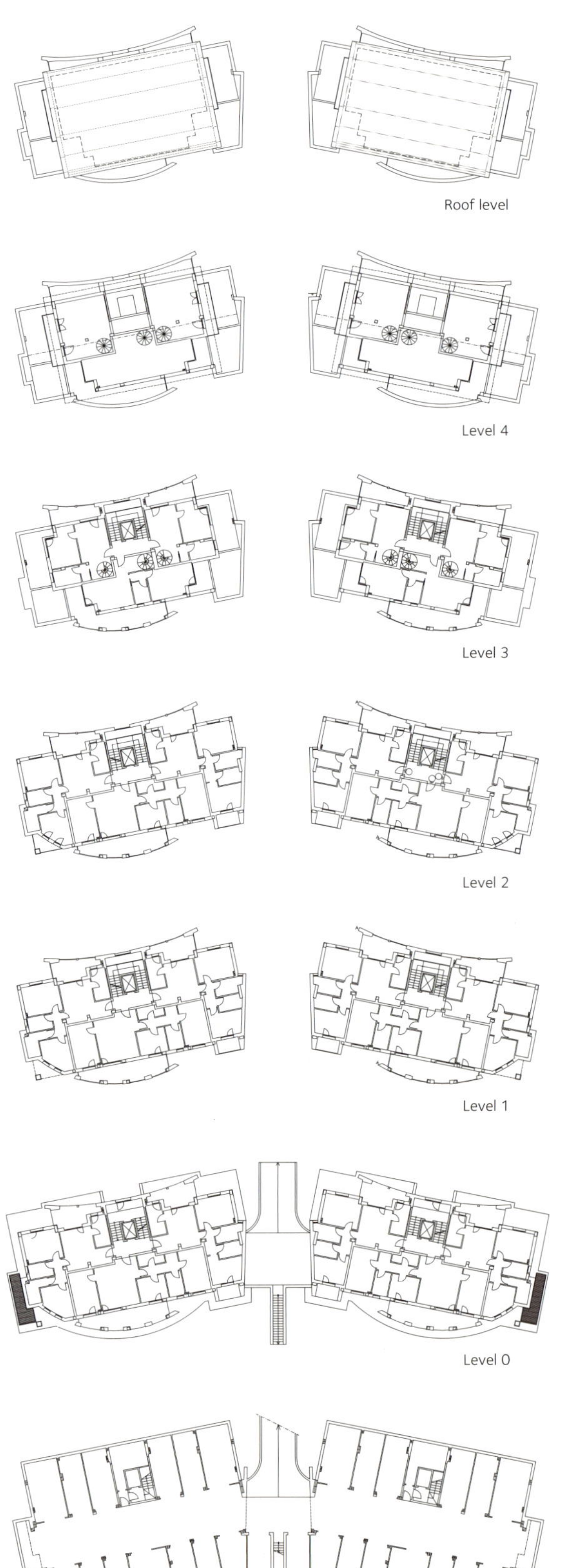

Roof level

Level 4

Level 3

Level 2

Level 1

Level 0

Level -1

South-East elevation: chromatic project

South-East elevation: chromatic project

South-East elevation: chromatic project

Town Hall

Council offices, library
2000/2002
Toscanella di Dozza, Bologna, Italy

The headquarters of the town's administration forms part of the larger project
of Toscanella. Situated in the residential complex's round *piazza*, with the Church
in view, it evokes the classical elements of the historic city (political power and
religious power) and the characteristics of Agora with a portico as a meeting
place. The tower, which houses the public library, is the feature that formally
characterises the building and recalls the fort in the town of Dozza, where the
satellite office of the new headquarters is located. Situated on the corner of the
main street, its circular shape creates an inviting view onto the entire complex.

La sede dell'amministrazione Comunale fa parte del più ampio progetto della
Città di Toscanella. Situata sulla piazza circolare del complesso residenziale,
il Palazzo Comunale si relaziona visivamente con la Chiesa riproponendo
gli elementi compositivi classici della città storica (potere politico e potere
religioso), richiamando al contempo i caratteri dell'agorà, con un portico come
luogo di aggregazione e di relazione. La torre, che contiene al suo interno la
Biblioteca comunale, è l'elemento che caratterizza formalmente l'edificio e
che rimanda alla Rocca della città di Dozza, di cui la nuova sede rappresenta
la sezione distaccata. Questa nuova sede, posizionata all'angolo della strada
principale, con la sua forma circolare crea l'invito visivo all'intero complesso.

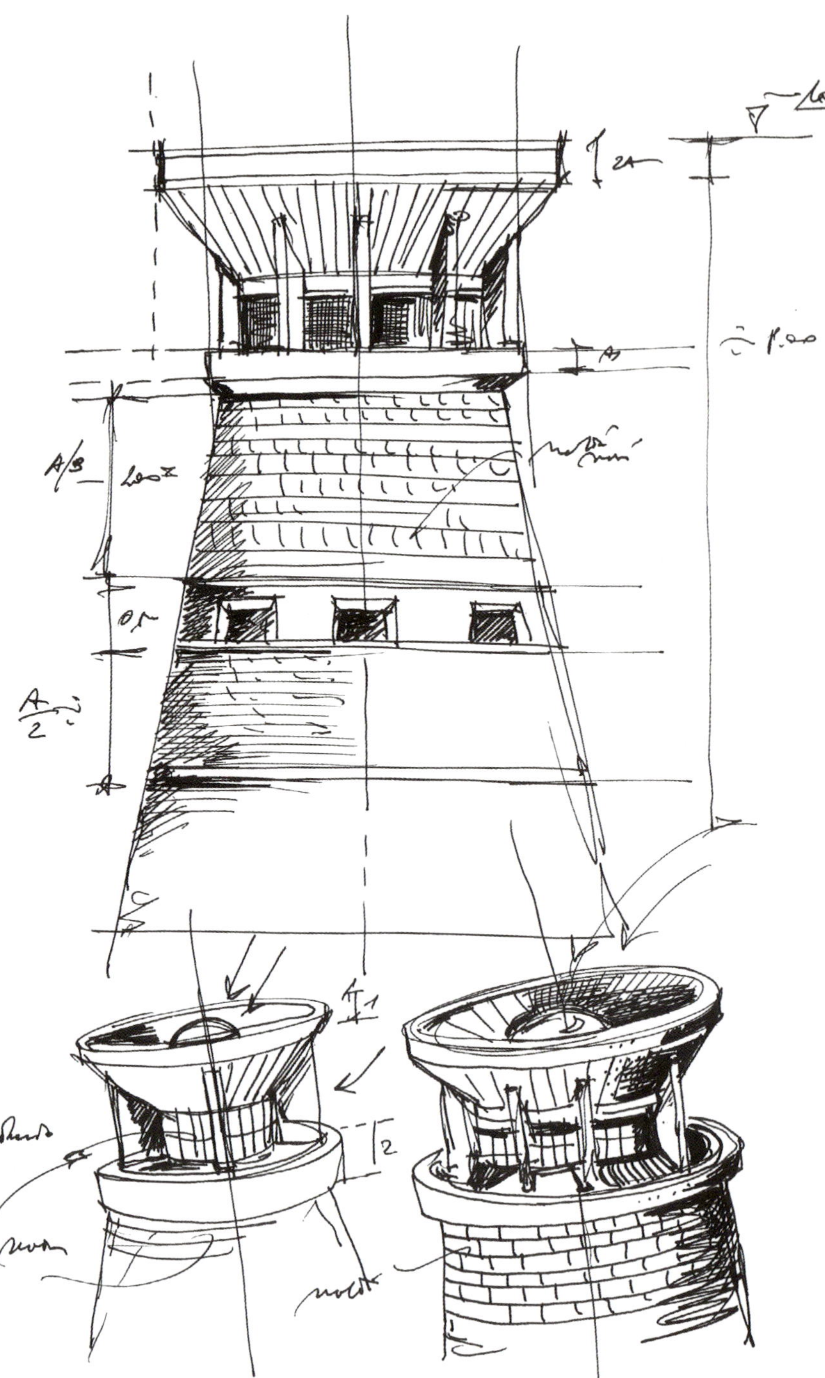

The Rocca Sforzesca in Dozza.
Formal reference for the tower of the
Town Hall

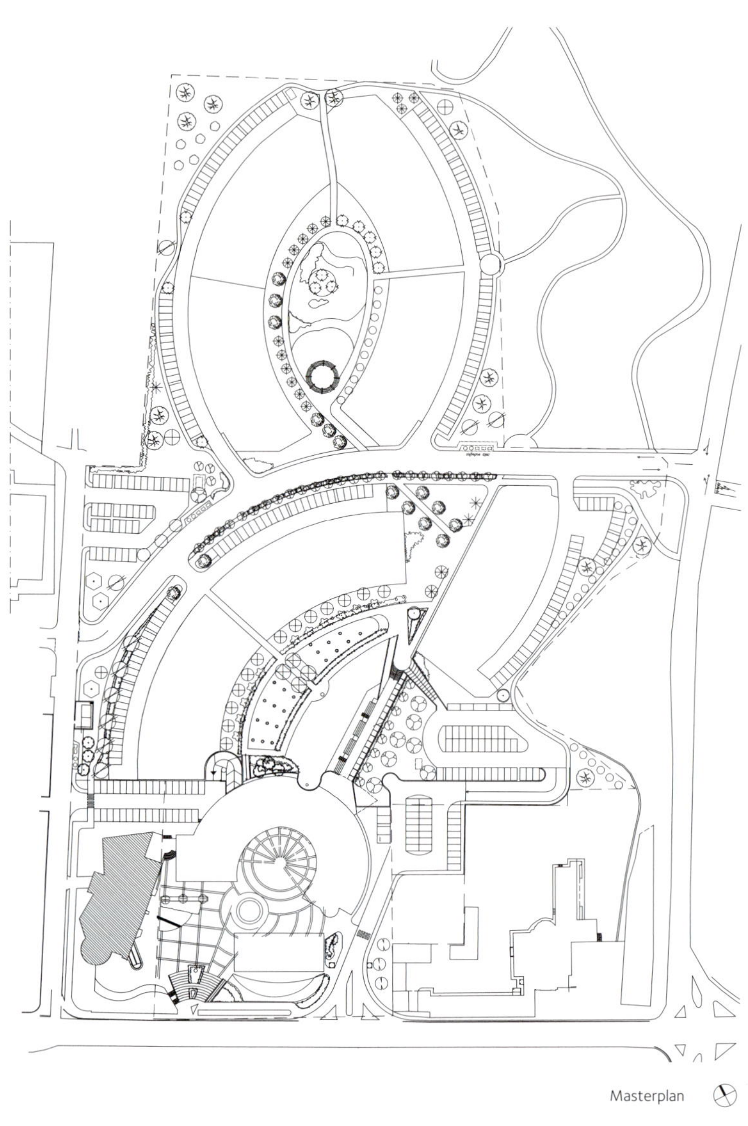

Masterplan

Studio Oppici

Dental practice and day surgery
2000/2003
Bológna, Italy

The main characteristic of this project is the new approach to the theme of a
dental practice. This practice, which is the first day surgery in Emilia Romagna,
has two operating theatres equipped with the most advanced technology for
surgical procedures, and other rooms equipped with all the diagnostic instruments.
The project has provided the possibility of integrating the distribution aspect
with the complex functional aspects for the inclusion of hospital-like areas,
as well as creating and integrating the graphics applied to the various functions
of the practice.

La particolarità di questo intervento è costituita dalla novità di approccio al
tema dell'ambulatorio odontoiatrico. Lo Studio, prima clinica con day-surgery in
Emilia Romagna, contiene all'interno n.2 sale operatorie dotate di tutti i sistemi
più avanzati per interventi chirurgici e altre aree dotate di tutti gli strumenti
diagnostici. L'intervento ha integrato gli aspetti distributivi con gli aspetti
funzionali e si è tradotto in un progetto di grande complessità per la presenza
di aree analoghe alle strutture ospedaliere, nonché per la contemporanea
progettazione della grafica applicata alle funzioni dell'ambulatorio.

Studio Oppici
2000/2003
670 square metres
Metal structure
Ceramic raised floor, aluminium and crystal floors, resin facing

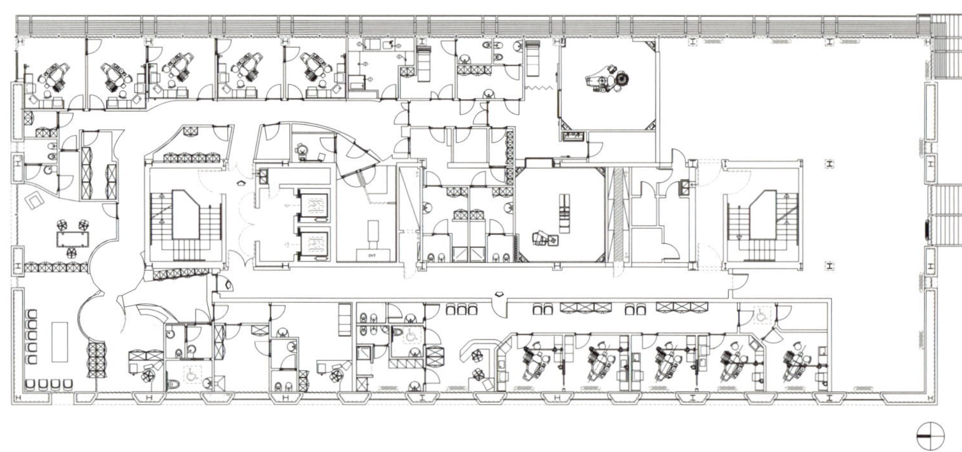

The walkways cover circular and elliptical areas that become real distribution points. The surgery walls are glass and each room is in a different colour, which is reflected in the beds and the lights for resting after the procedure.

The floors are covered in large ceramic stoneware tiles whilst the operating theatre, including the walls, is treated with resin. The internal photos are large reproductions of images that coordinate with the room and, in particular, include pictures of Greek statues as synonyms of beauty.

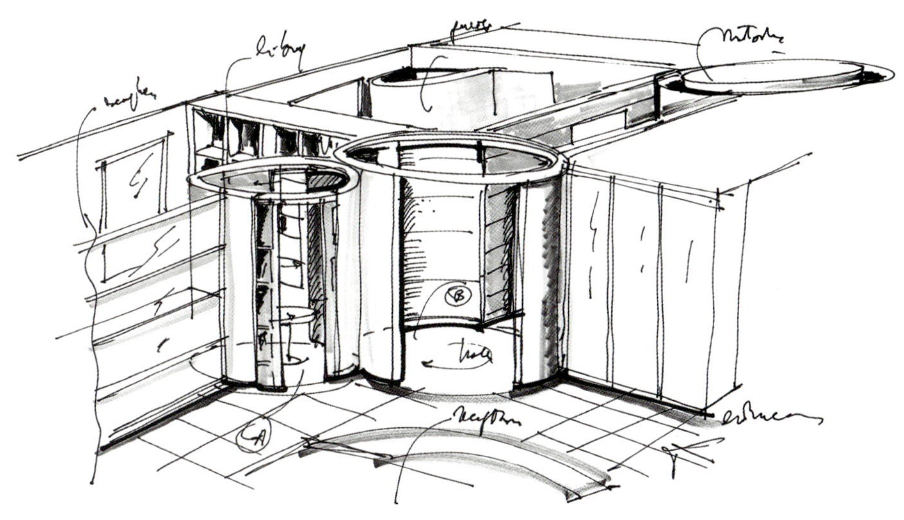

I percorsi confluiscono su aree circolari ed ellittiche, che diventano veri e propri nodi della distribuzione. Le pareti degli ambulatori sono in vetro e ciascuno di essi è contraddistinto da un colore, che ritorna sui lettini e sulla luce di riposo attivata dopo gli interventi.

Le pavimentazioni sono in piastrelle di gres ceramico di grande formato mentre il blocco operatorio, comprese le pareti, è stato trattato con resine. Le foto interne, riprodotte in grande formato nei vari ambienti, riprendono l'immagine coordinata dello studio e riproducono particolari di statue greche come sinonimo di bellezza.

SALA
BLU
SALA
VERDE
BIANCA
GIALLA
operating theatre

sala
2

GIALLA
BIANCA

HMR Multipurpose Centre

Project for hotel, offices and residential area
2009, Project
Imola, Bologna, Italy

The transformation of the current area occupied by a hotel consists of the complete demolition of the current building whilst maintaining the existing park and developing two main elements: a tower which contains within it a hotel, restaurant, meeting room and a connected structure with a health spa with both indoor and outdoor swimming pools. The building has a central core with elliptical levels that gradually cascade with each level, in such a way as to reveal different views of the tower. Another circular building, intended as residential, offices and commercial spaces, creates a long visual screen on the street that surrounds an inner park. Situated at ground level, the visibilty of the park is guaranteed by the porticoes.

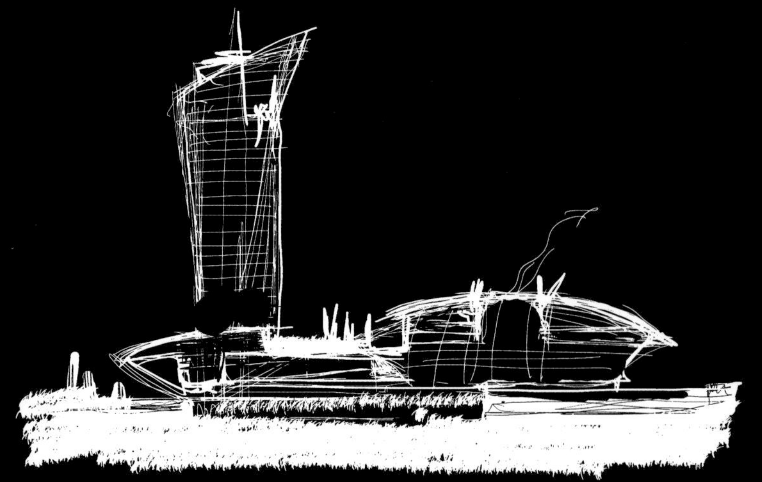

La trasformazione dell'area attualmente occupata da una struttura alberghiera consiste nella demolizione totale dell'attuale fabbricato, mantenendo il parco esistente e sviluppando due grandi elementi. Un edificio a torre, che contiene al suo interno un albergo, ristoranti, sale meeting; una struttura ad esso collegata, con Centro benessere e piscine interne ed esterne. L'edificio si caratterizza per un cuore centrale fisso e a livelli di forma ellittica, che subiscono una leggera rotazione a ciascun piano in modo da far assumere alla torre un profilo sempre diverso. Un altro edificio di forma circolare, con destinazione residence, uffici e spazi commerciali, crea una cortina visiva sulle strade di grande percorrenza e circoscrive il parco interno. La trasparenza del parco a quota 0,00 ml. è assicurata dalla realizzazione dei livelli bassi con portici.

The project characterises itself through its size and by the diversity of the functions inside the complex. The area has been transformed into a service centre, with one of the main elements being the hotel.

The project is characterised by:
- a 23-storey hotel tower with internal diversity in terms of the rooms and suites on four levels,
- two internal restaurants (one with a panoramic view the other on a raised level), covering a total surface area of roughly 23,000 square metres, with a heliport,
- a health spa and medical centre of roughly 3,300 square metres,
- commercial spaces for internal use,
- spaces intended as offices, a convention centre and other spaces designed as residence of roughly 15,000 square metres,
- indoor and outdoor swimming pools,
- the existing park, around 30,000 square metres, becomes the connective tissue between the various spaces.

The strategic position of the whole complex—at the motorway exit—means entrances into the complex vary depending on the existing road network.

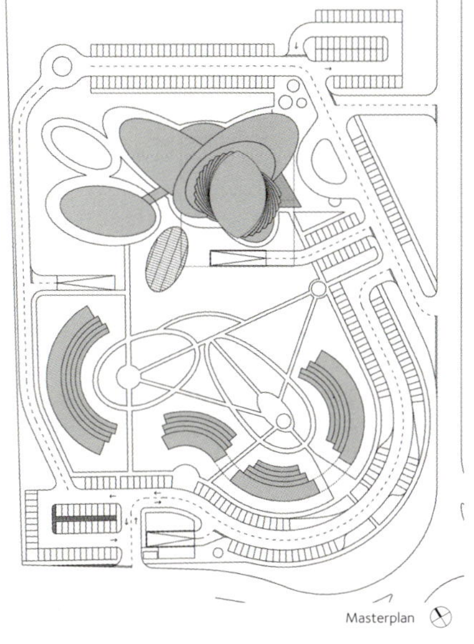

Masterplan

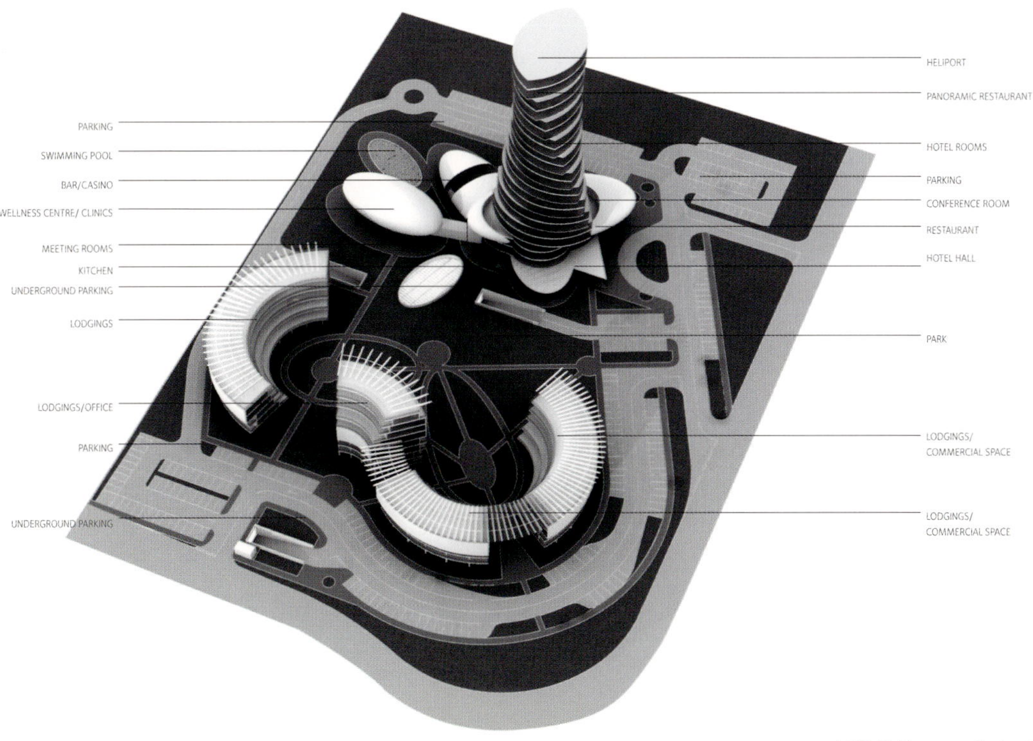

HMR Multipurpose Centre
2009
42,700 square metres
Metal structure
Facing in crystal and aluminium

Level 4-23

Level 3

Level 2

Level 1

Level 0

Level -1

Level -2

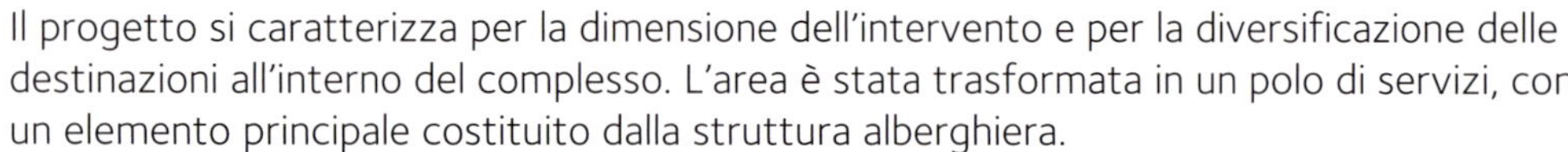

Il progetto si caratterizza per la dimensione dell'intervento e per la diversificazione delle destinazioni all'interno del complesso. L'area è stata trasformata in un polo di servizi, con un elemento principale costituito dalla struttura alberghiera.

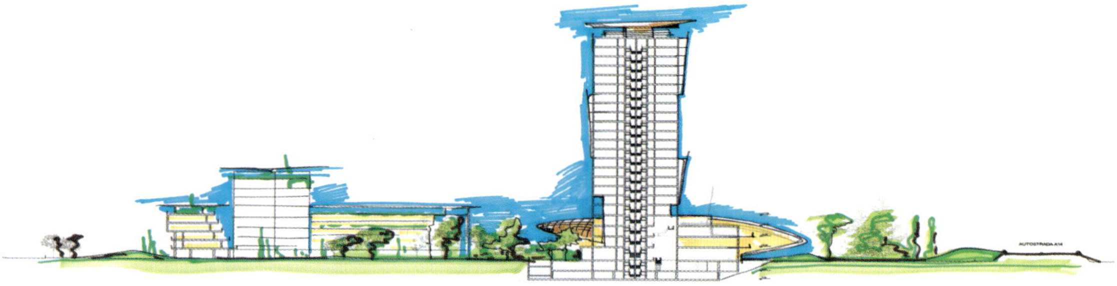

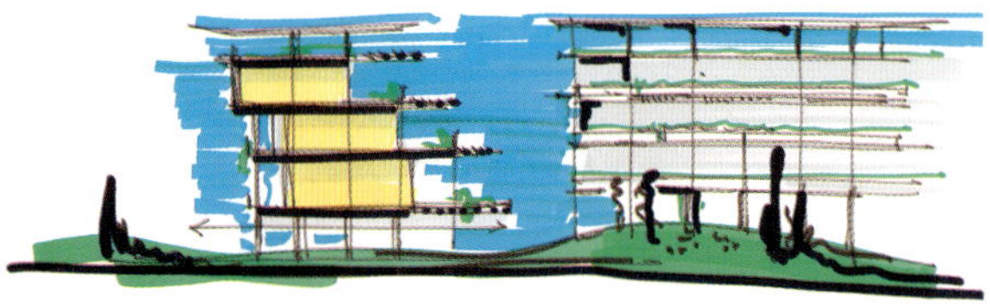

L'intervento è caratterizzato da: una torre alberghiera di 23 piani con una diversificazione interna delle tipologie di camere e la presenza di 4 livelli di suite; 2 ristoranti interni (uno panoramico e uno al piano rialzato), per una superficie totale di c.a. mq.23.000 con eliporto. Un centro benessere e un centro medico per c.a. mq.3300. Spazi commerciali a uso interno. Spazi destinati a uffici, centro convegni e altri volumi previsti, da destinare a residence per c.a. mq.15.000. Piscine interne ed esterne.

Il parco esistente, di circa 30.000 mq, diviene il tessuto connettivo tra i diversi volumi. L'intero complesso, per la posizione strategica all'uscita dell'autostrada, presenta accessi carrabili e pedonali diversificati in funzione della rete viaria esistente.

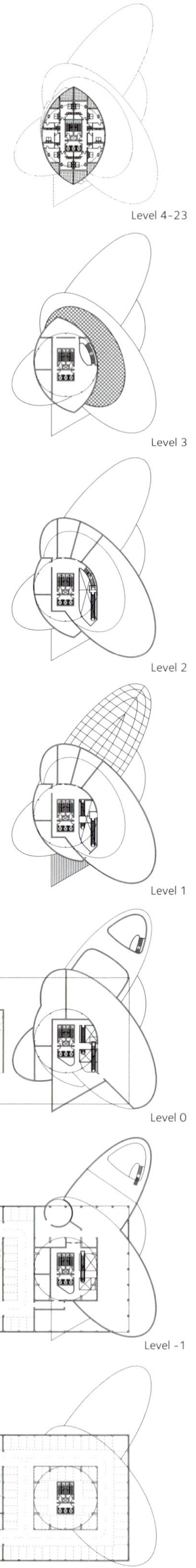

WELLNESS CENTRE
HOTEL
LODGINGS
OFFICES
LODGING
COMMERCIAL SPACES
MOTORWAY A14
LA FUCINA
SHOPPING CENTRE

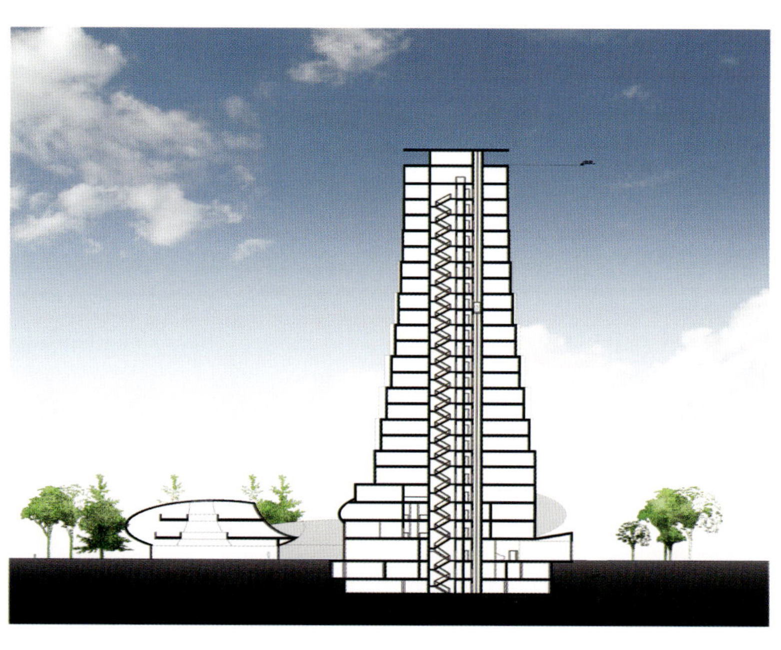

ROOMS
BAR
HALL
MEETING ROOMS
RESTAURANT
CASINO/GARAGE
GARAGE

SECTION A-A

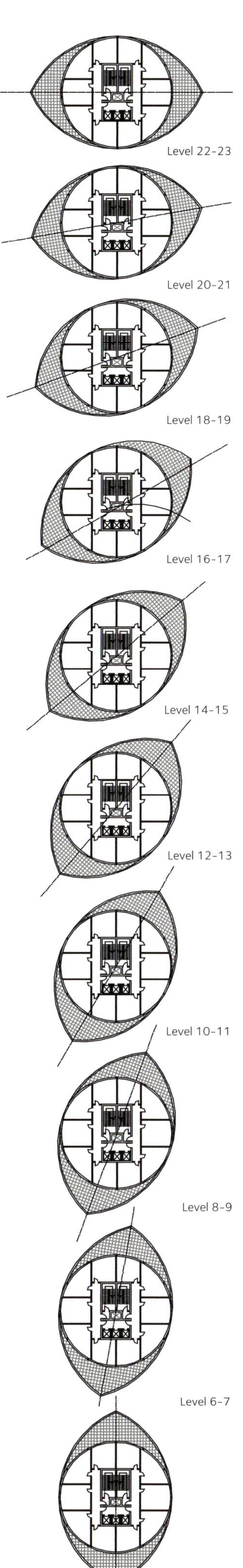

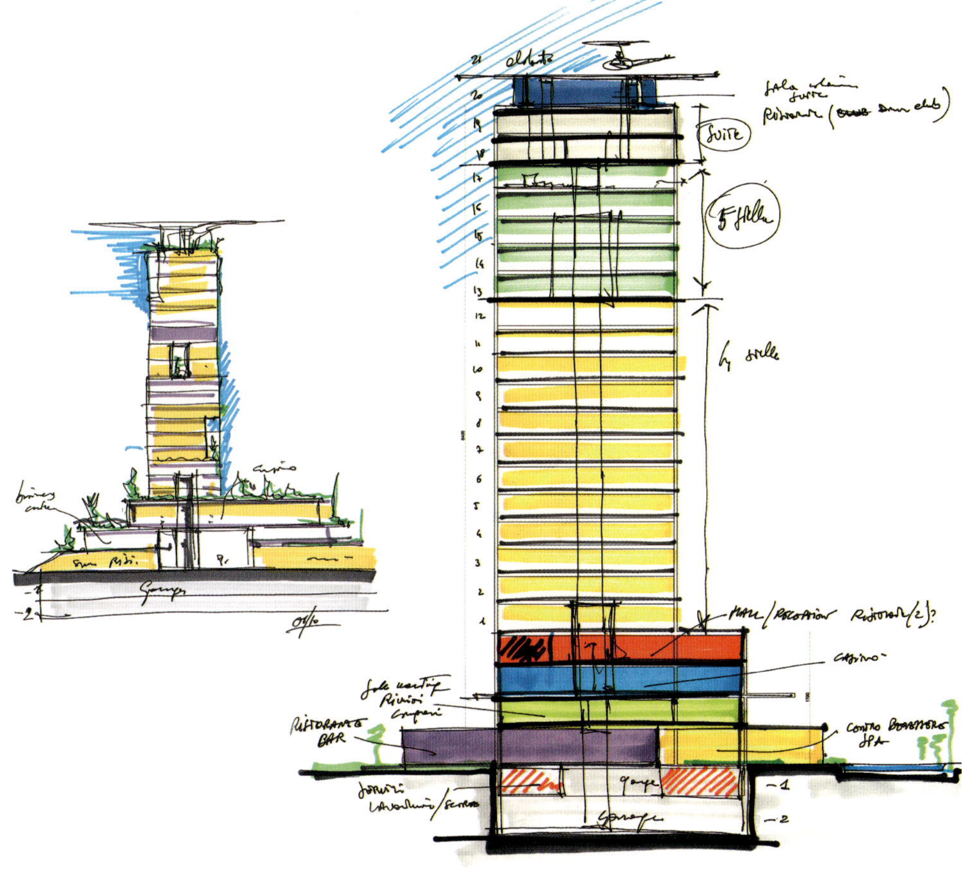

The nucleus of the tower, which is made up of technical areas and vertical connections, is surrounded by circular rooms. The balconies have elliptical covers that differ in position by a few degrees on each floor, creating a spiral effect.

Il nucleo della torre che comprende i locali tecnici e i collegamenti verticali, è circoscritto da una pianta circolare che comprende le camere. Un aggetto ellittico accoglie le logge e ruota di pochi gradi da un piano all'altro creando l'effetto spirale.

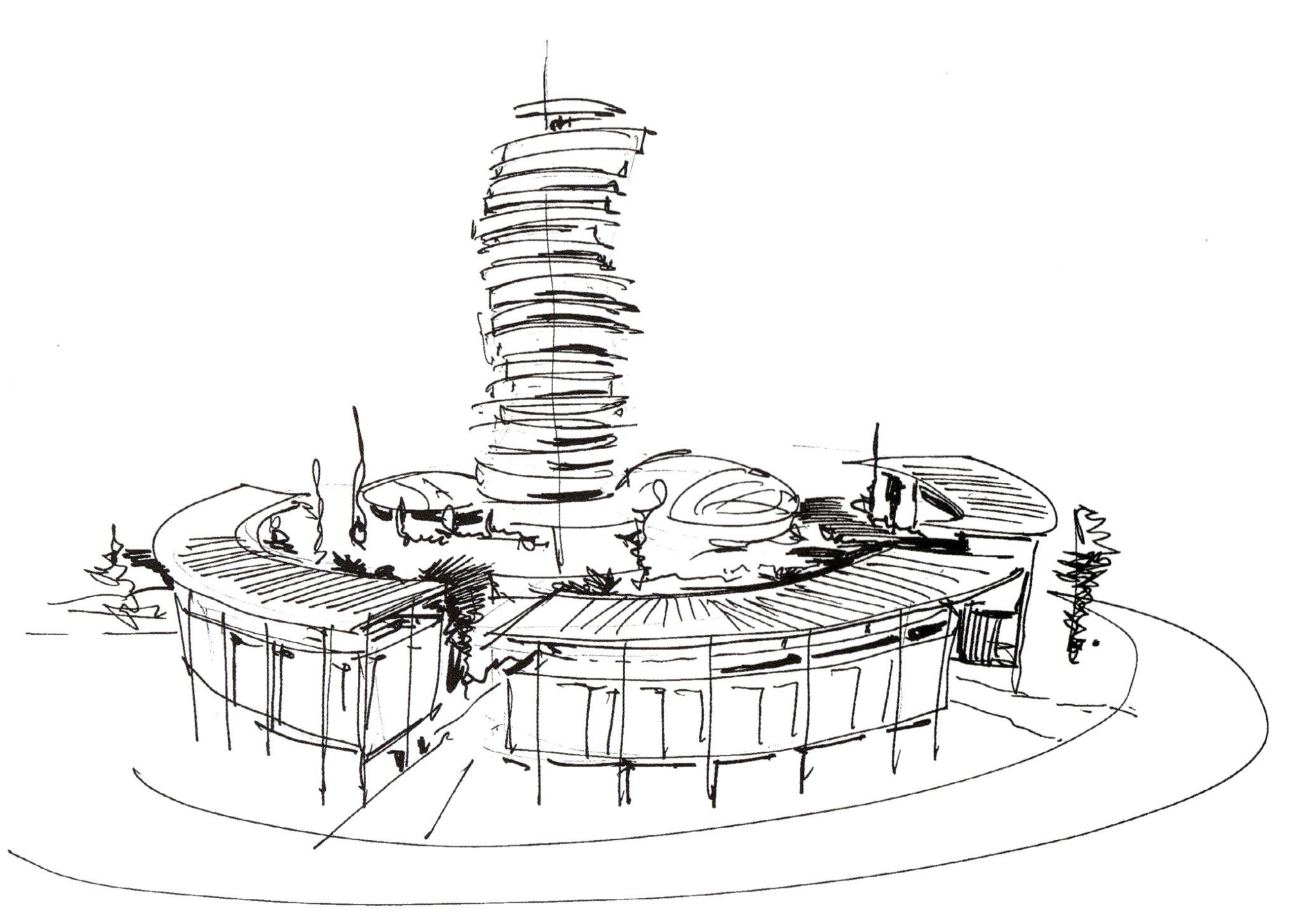

Due to the rotating of the floor plan, the hotel tower
presents a different perspective depending on the
viewpoint.

*Per la particolare rotazione delle piante dei piani
la torre alberghiera presenta un prospetto diverso
secondo il punto di osservazione.*

Bestseller China

The showrooms and offices of Bestseller China occupy four of the floors in one of the skyscrapers at 'The Place' complex in Beijing. The project was designed over four days, during which the internal distribution and the spaces for various working areas were defined. All the offices and the display areas open on to the outside and, to maintain maximum transparency between the spaces, the internal walls have been made with glass with metal frames, designed to incorporate doors and windows.

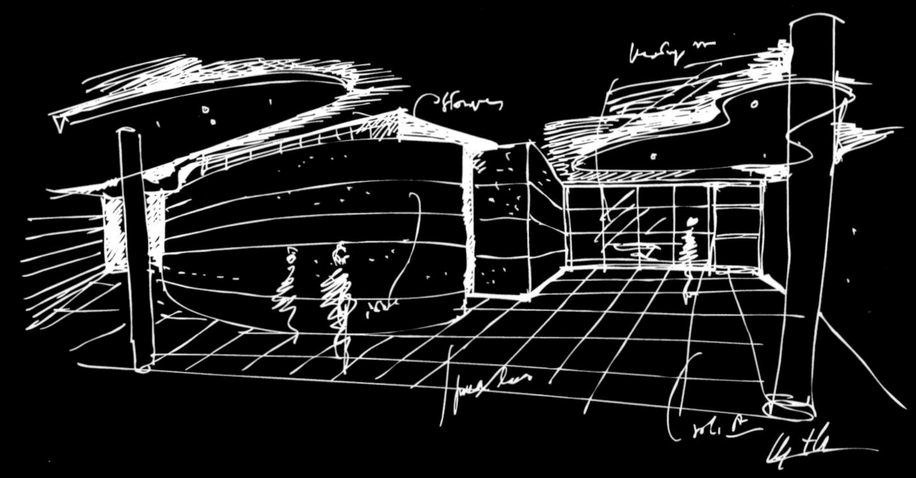

Gli show rooms e uffici della Bestseller China si sviluppano su quattro piani in uno dei grattacieli del complesso 'The Place' a Bejing. L'intervento è stato progettato nell'arco di 4 giorni in cui sono state definite le distribuzioni interne e le destinazioni delle diverse aree operative. La zona centrale dei piani contiene i servizi e le aree di deposito, in modo da creare una strada di distribuzione alle diverse funzioni. Tutti gli uffici e le aree espositive si aprono sull'esterno e, per mantenere la massima trasparenza degli spazi, le pareti interne sono realizzate in vetro con telai metallici su disegno che incorporano le aperture.

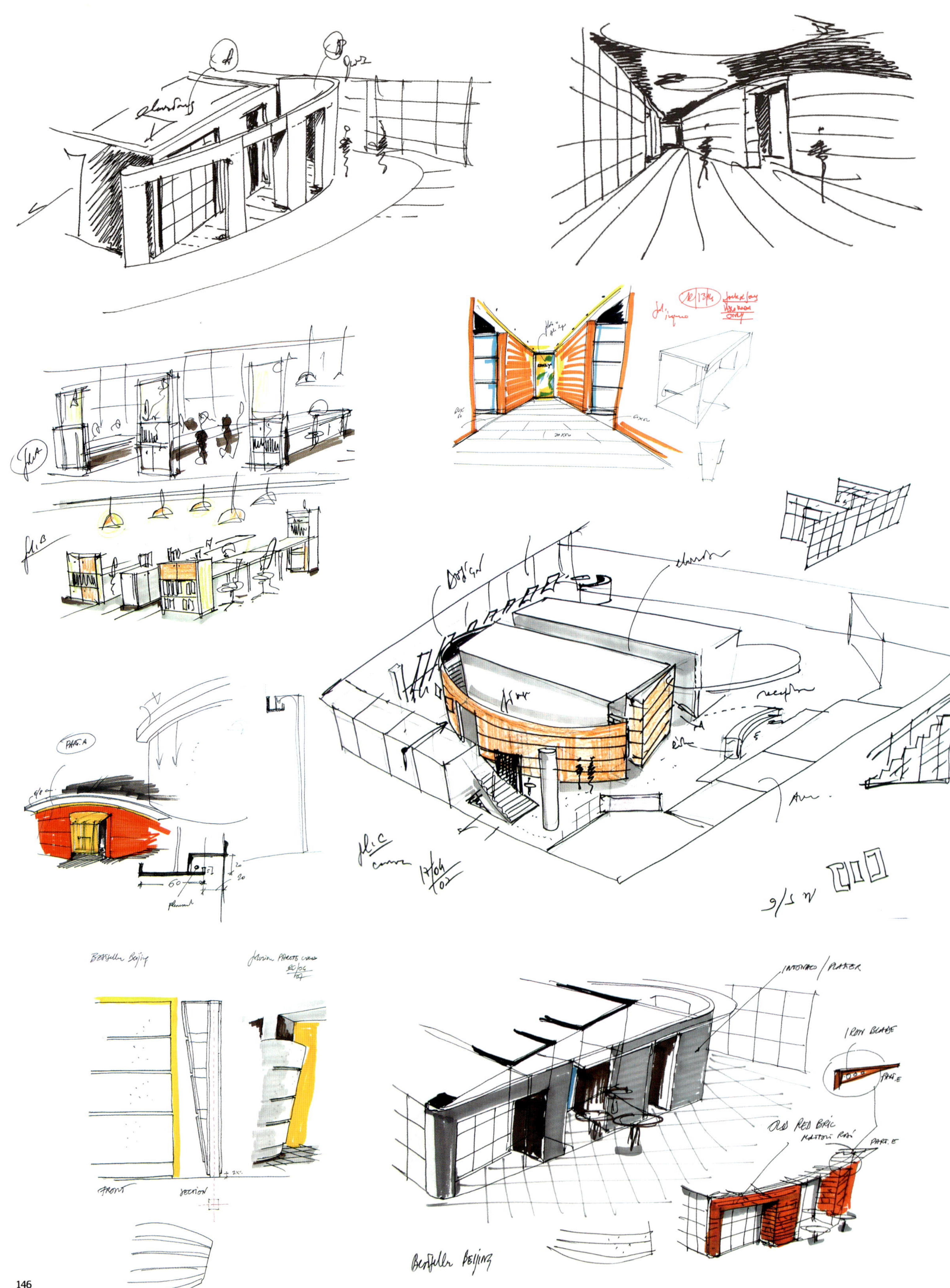

ONLY
Bestseller Beijing
FRONT   SECTION
Bestseller Beijing
INTONACO / PLATER
OLD RED BRIC
MATTONI ROSSI

Bestseller China
2007
9000 square metres
Existing structure
Natural stone floors, plasterboard, painted metal

Designing the showrooms and offices for Bestseller China has been a really interesting opportunity in testing the speed of planning in this country.

The planning phase was a truly professional adventure: only four days in which to come up with a plan, verify the position of individual operation points (with frequent meetings with the various managers every day), and check the formal and decorative details on the design. A real creative marathon!

A staircase made of metal and glass directly links the building's four floors, and a plaster curve hides the storage areas.

L'occasione di progettare gli showrooms e gli uffici per Bestseller China è stata un'interessante opportunità di verifica della celerità di realizzazione di un progetto in questo paese.

La fase progettuale è stata una vera e propria avventura professionale: solo 4 giorni di tempo per definire il progetto, per verificare le destinazioni dei singoli punti operativi (con riunioni frequentissime con i vari responsabili nell'arco di ogni giornata), e per verificare i dettagli decorativo-formali degli elementi creati su disegno. Una vera e propria maratona creativa!

Un corpo scala in metallo e vetro collega direttamente i 4 piani dell'edificio, mentre una quinta curva trattata con intonaco nasconde le aree adibite a deposito.

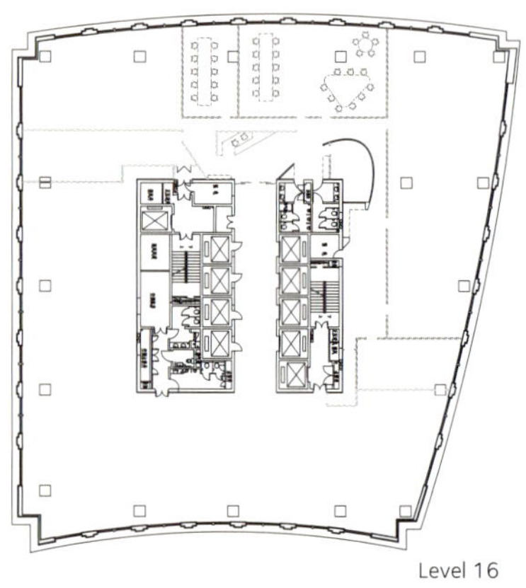
Level 16

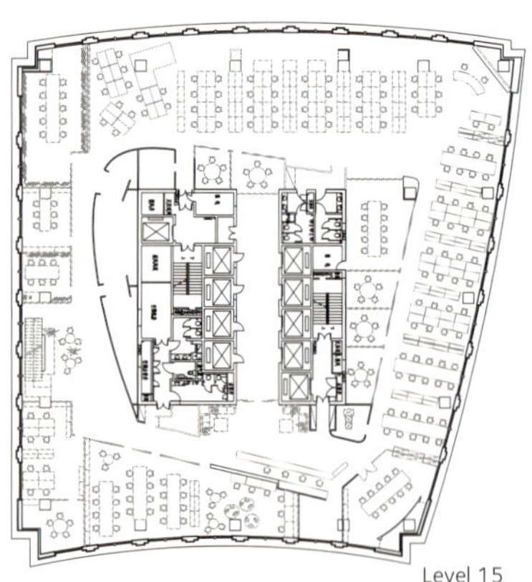
Level 15

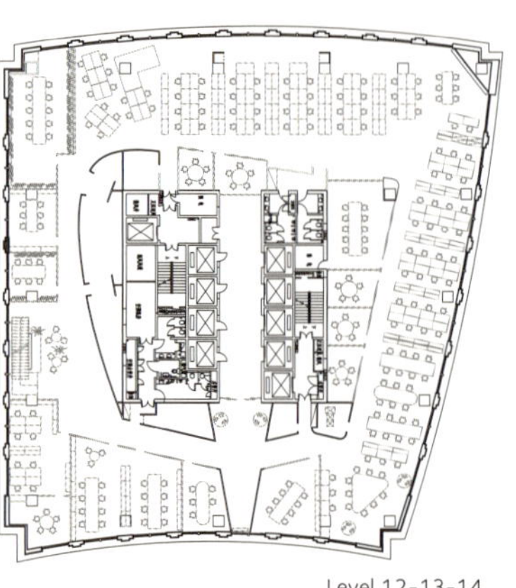
Level 12-13-14

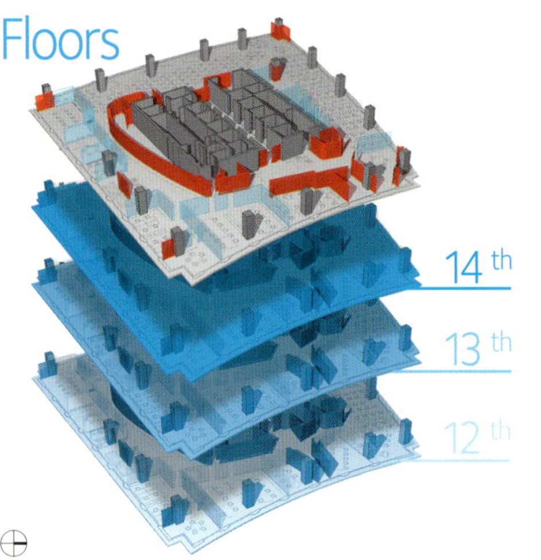

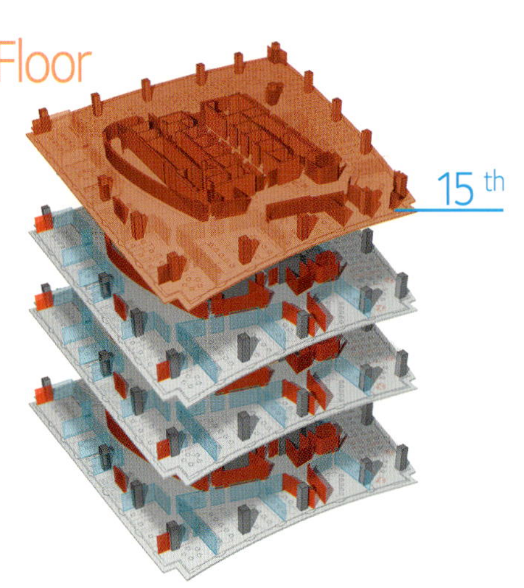

RECEPTION >

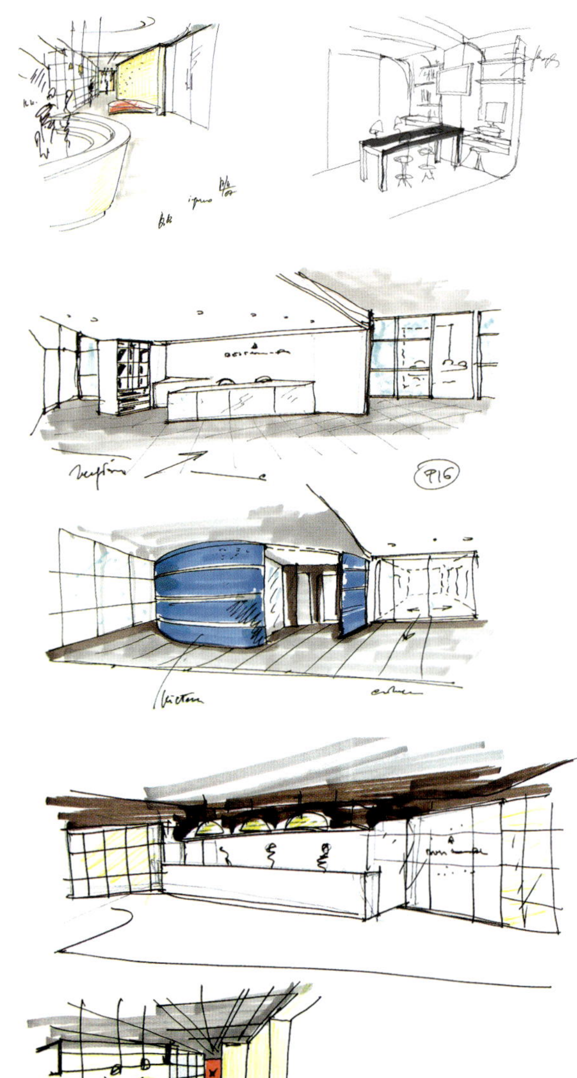

Mec 3

The idea for creating the school, offices and research laboratories in this industrial structure was inspired by the presence of a large garden that has a big impact and includes large green areas and water features. Therefore the structure of the new building will be totally transparent in such a way that it cancels its presence. It is covered by a 'wave', which characterises the entire project. To further accentuate this continuity between the external and the internal, the distribution of space is not traditional but instead, cylindrical spaces have been inserted inside the structure, which is characterised by the presence of internal gardens and large windows.

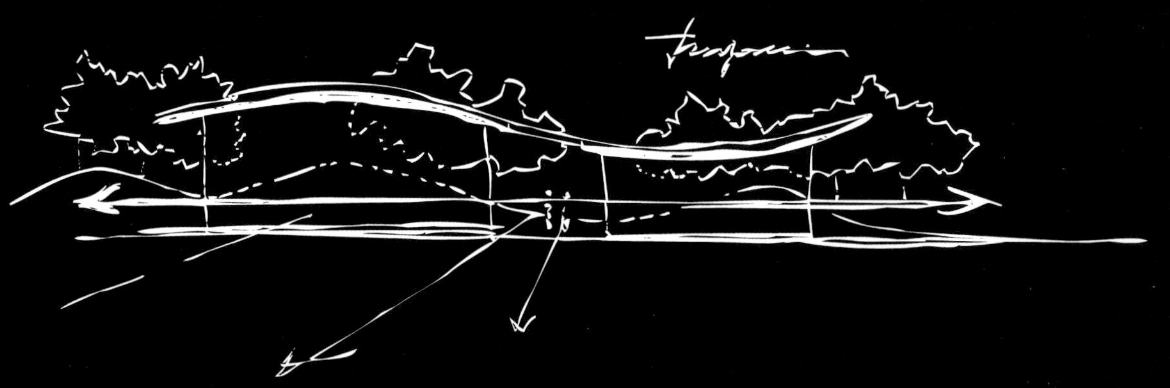

L'idea formale nella realizzazione della scuola, degli uffici e dei laboratori di ricerca di questa struttura industriale trae spunto dalla presenza di un ampio giardino di grande impatto e forte caratterizzazione, grazie alla presenza di aree verdi e giochi d'acqua. La struttura del nuovo edificio, pertanto, è volutamente trasparente in modo da poterne annullare la presenza. Un' *onda* di copertura, modellata nella forma e nella dimensione, caratterizza l'intervento. Allo scopo di accentuare ulteriormente questa continuità tra esterno ed interno, il nuovo volume non presenta una distribuzione di tipo tradizionale, ma vengono inseriti volumi cilindrici all'interno della struttura, caratterizzati dalla presenza di giardini interni e ampie vetrate.

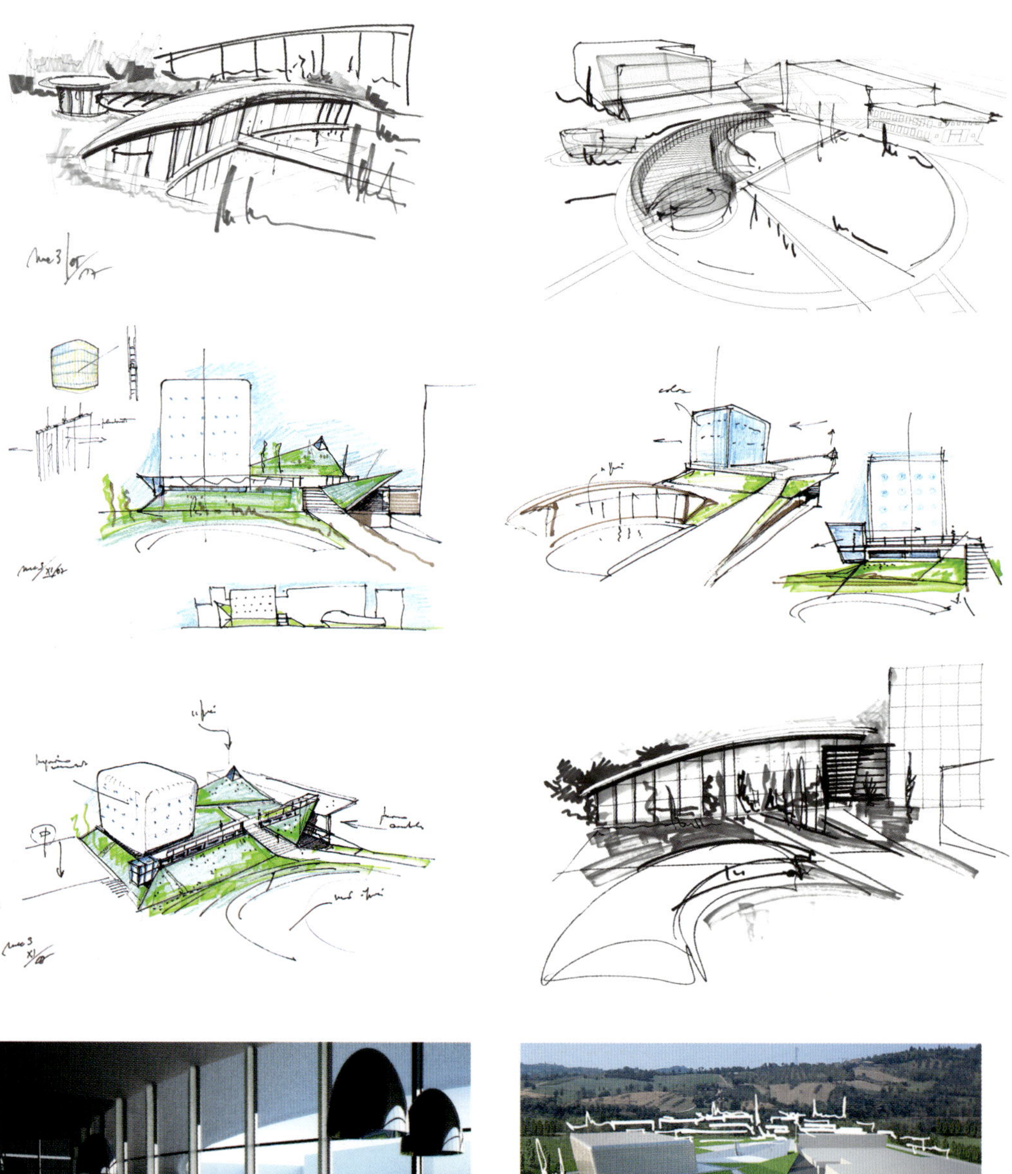

Mec 3
2011
16500 square metres
Metal stucture
Materials: crystal, panel roofing in reinforced concrete with glass fibre (GRC)

The construction of a school and research laboratories for this company has been set in a prestigious environment in the hills of Rimini.

Next to a normal extension space, there is a large *wave*, which gives the impression of not having outside walls.

The large cover has outside walls that are made completely in glass, and inside there are some big holes, also in glass, which contain small gardens.

The space, sunk into a large garden with water features, loses consistency and creates continuum between inside and outside.

It does not matter from which side the structure is approached, the transparency of form and natural light are enjoyed, in a way that the various destinations can be perceived, such as external areas which are only separated by a covering membrane.

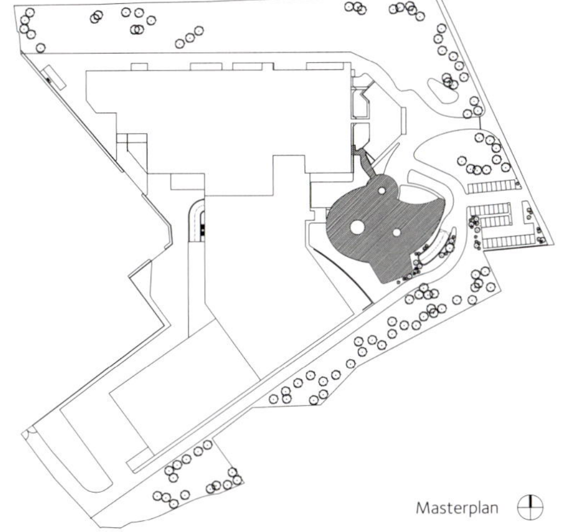

Masterplan

La realizzazione della scuola e dei laboratori di ricerca di quest'azienda è prevista in un contesto ambientale di grande pregio sulle colline di Rimini.

Accanto al volume regolare dell'ampliamento della struttura produttiva, si inserisce questa grande *onda*, che ha la caratteristica di non avere muri perimetrali.

La grande copertura ha un perimetro totalmente vetrato e all'interno sono previsti dei grandi fori, anch'essi vetrati, che contengono dei piccoli giardini.

Il volume, immerso in un grande giardino con specchi e giochi d'acqua, perde consistenza e crea un *continuum* tra interno ed esterno.

Da qualsiasi punto ci si avvicini alla struttura, si gode di una trasparenza di forme, di luce naturale, in modo da percepire le varie destinazioni come aree esterne semplicemente separate dalla membrana di copertura.

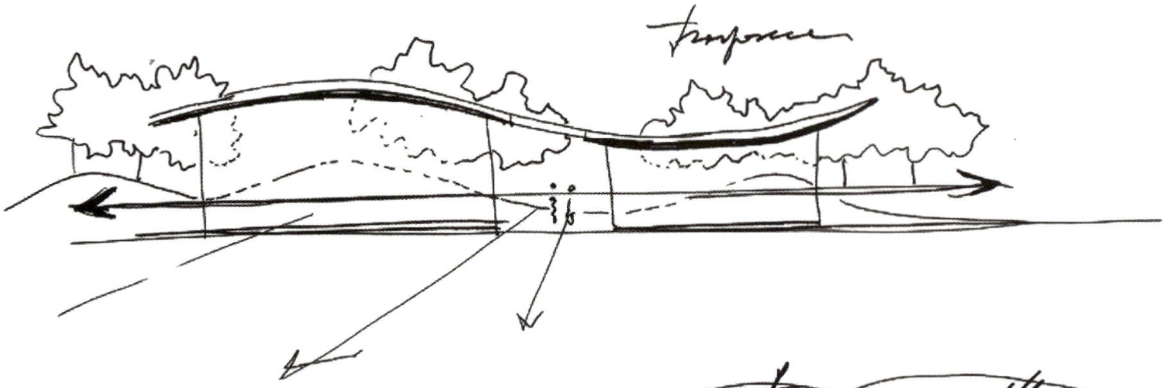

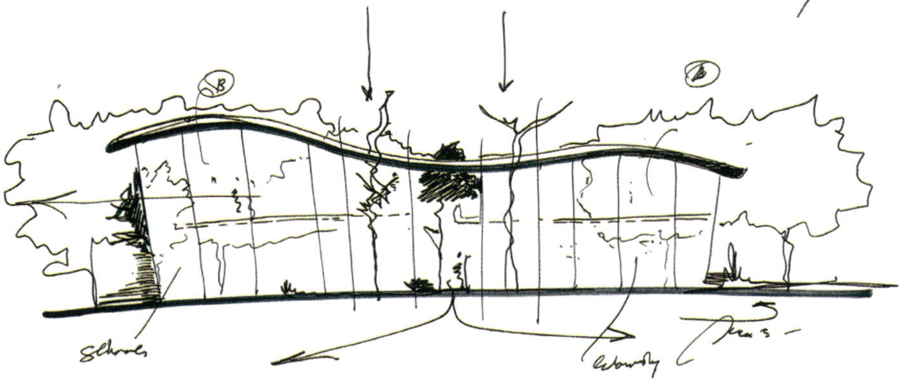

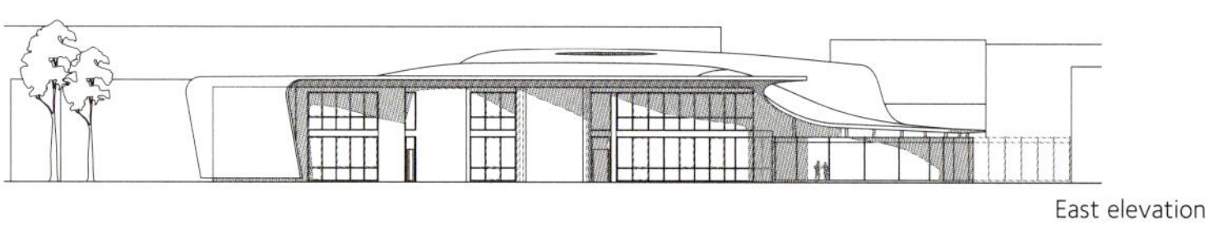

East elevation

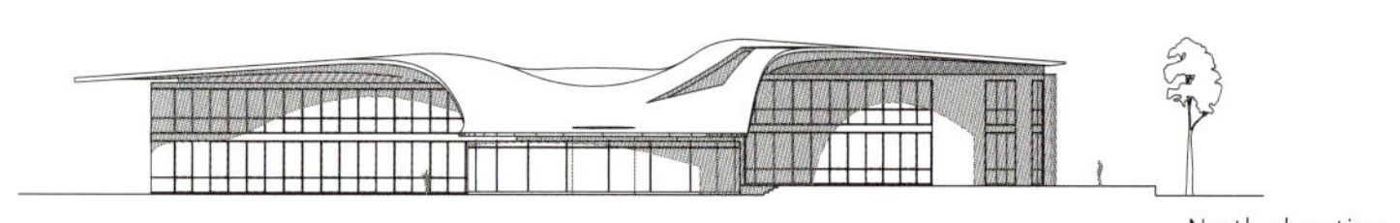

North elevation

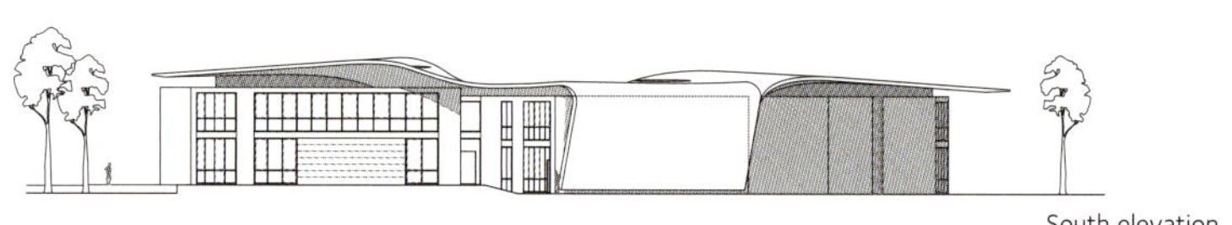

South elevation

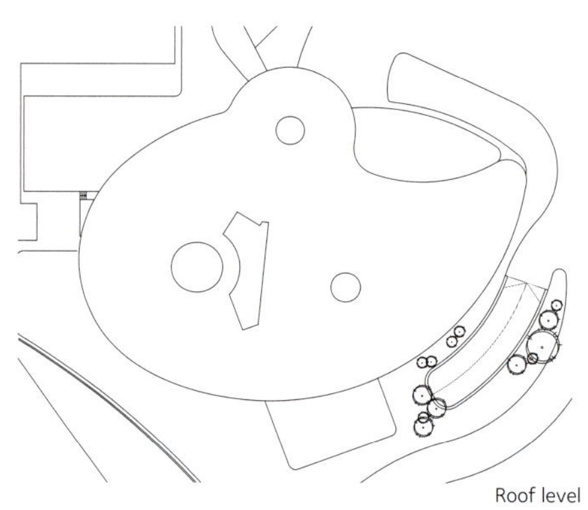

Roof level

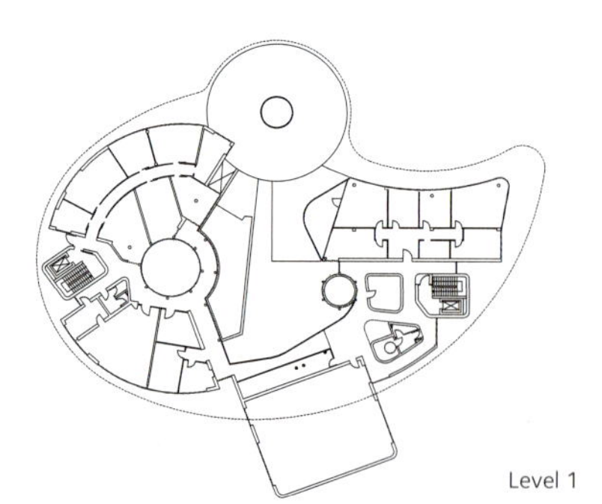

Level 1

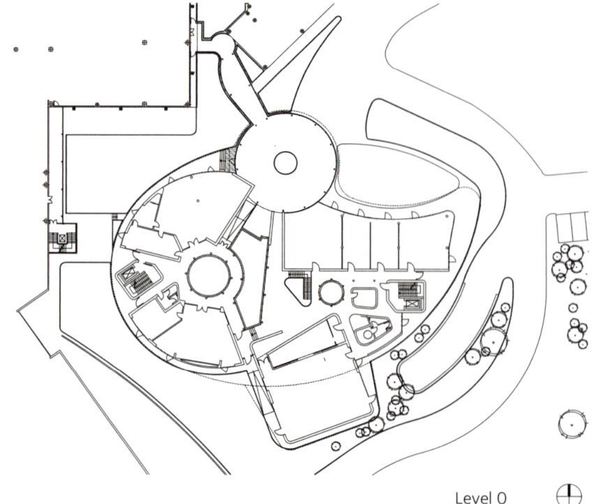

Level 0

Alberici Headquarters

Production plant and offices
2010/2012
Castel San Pietro Terme, Bologna, Italy

The industrial building looks out onto a motorway and the much used main road
that joins it. As a result the structure has only one right angle and the others are
angled at 45 degrees. From the roads, it is not possible to see all the façades,
but there is a view of more than one. It is a standard structure at a planning level,
with accentuated vertical features in the form of top to bottom glass surfaces.
At the front, the part of the building to be used as offices has a white aluminium
cube displaying the company's logo on one façade, whilst the others are all glass.
It is completed by a metal triangular structure, which bears the logo and breaks
down the rectilinear front.

L' edificio industriale è prospiciente un'autostrada e una strada di grande
percorrenza ortogonale ad essa, pertanto la struttura si presenta regolare
solo su un angolo per poi ruotare di 45°. In questo modo, percorrendo gli assi
viari non c'è la possibilità di percepire le facciate per intero, ma c'è la visione
di più fronti. La struttura si presenta molto regolare sul piano formale, con
segni verticali accentuati dalle superfici vetrate a tutt'altezza. Sul fronte più
avanzato, la zona destinata ad uffici è formalmente caratterizzata da un cubo
bianco in alluminio, che presenta inciso il logo dell'azienda, mentre sugli altri lati
è interamente vetrato. Completa l'insieme una struttura metallica triangolare,
che porta il logo e scompone ulteriormente il fronte rettilineo.

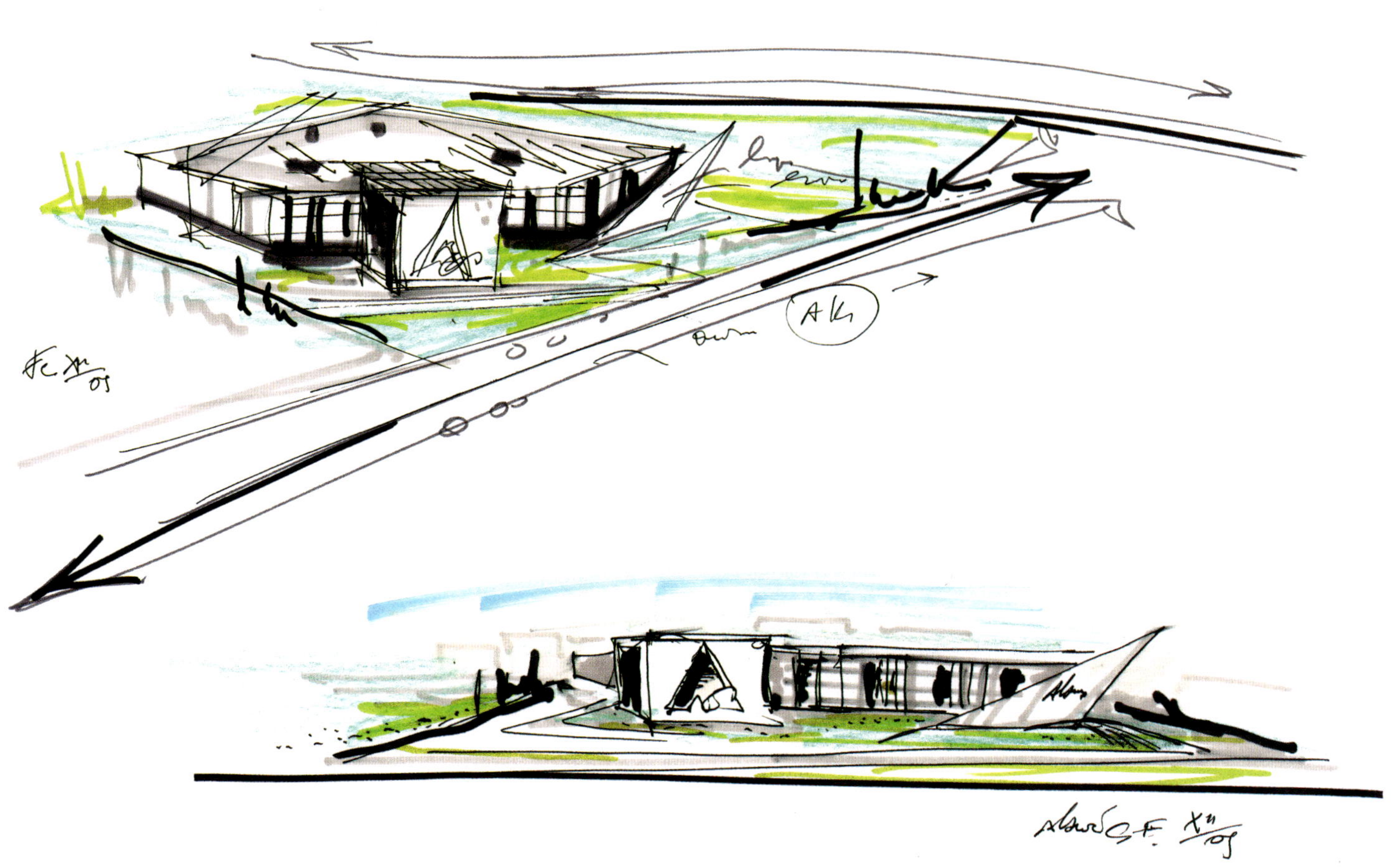

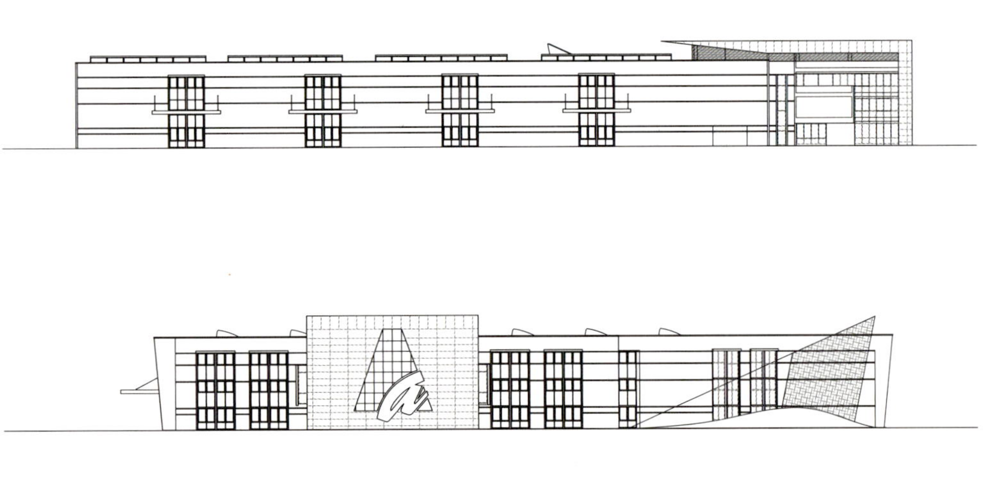

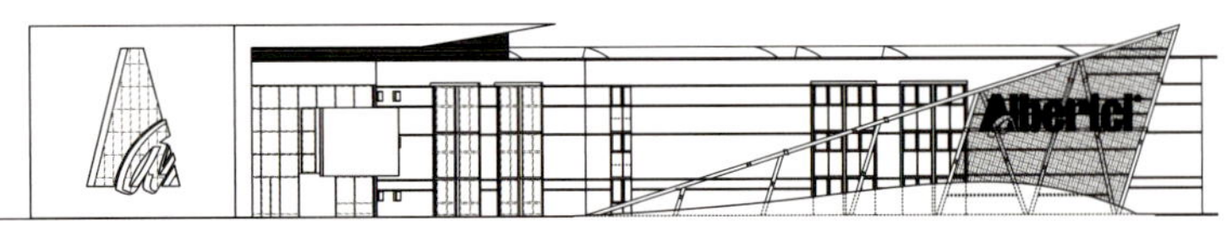

Alberici Headquarters
2010/2012
11,200 square metres
Structure in prefabricated reinforced concrete
Aluminium covering, stoneware floors, aluminium fittings,
photovoltaic panels

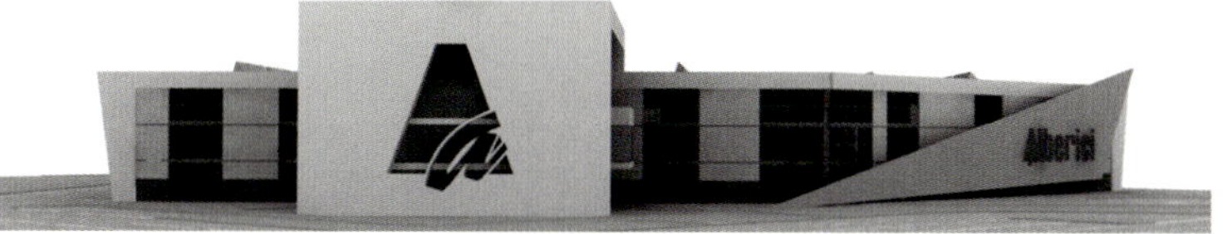

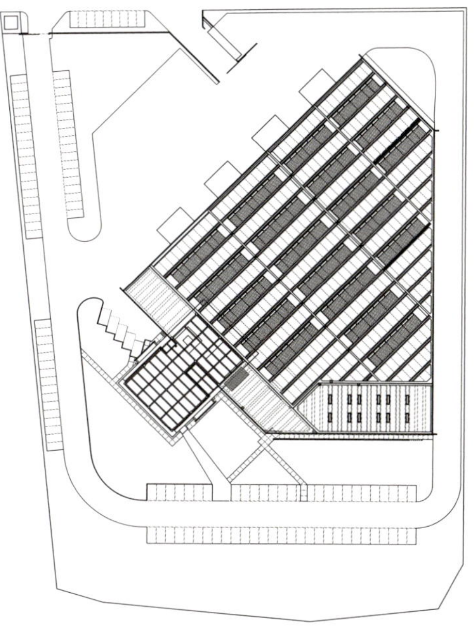

Masterplan

Level 3

Level 2

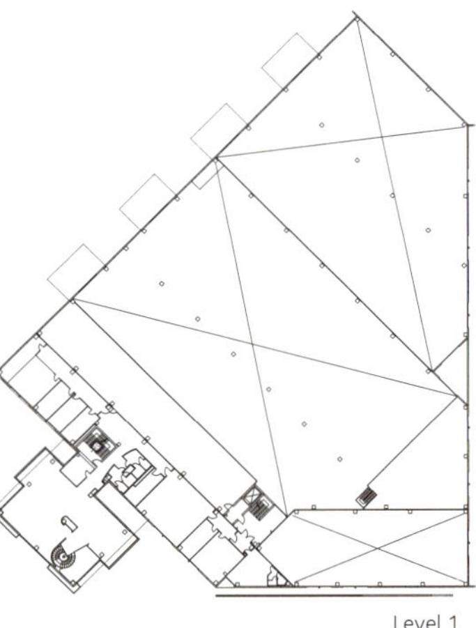

Level 1

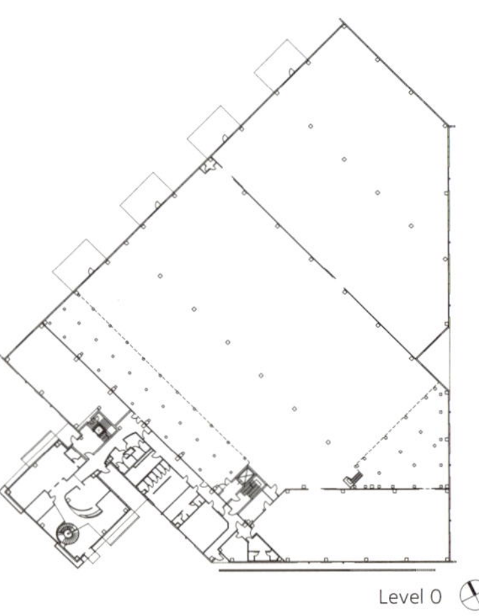

Level 0

Tenuta Biodinamica Mara

Winery, restaurant and spa
2008, Project
San Clemente, Rimini, Italy

The project of this cellar has ended up being particularly interesting due to the possibility of experimenting with a space that is completely underground in the hills close to Rimini. The plan is to create an actual research laboratory for all the possible applications of renewable energy. The internal space, which is made up of a series of vaults varying in height, creates almost mystical conditions, incorporating the principles of organic living architecture (Rudolf Steiner), and characters that belong to Arabic architecture with cones of natural light illuminating the internal spaces; the presence of water as a structural and decorative feature, which by flowing down across the internal stone wall regulates the humidity; and finally, a system of natural passageways and ducts that allow for the calibration of the internal ventilation, thanks to the creation of a windcatcher, which is typical in Iranian architecture.

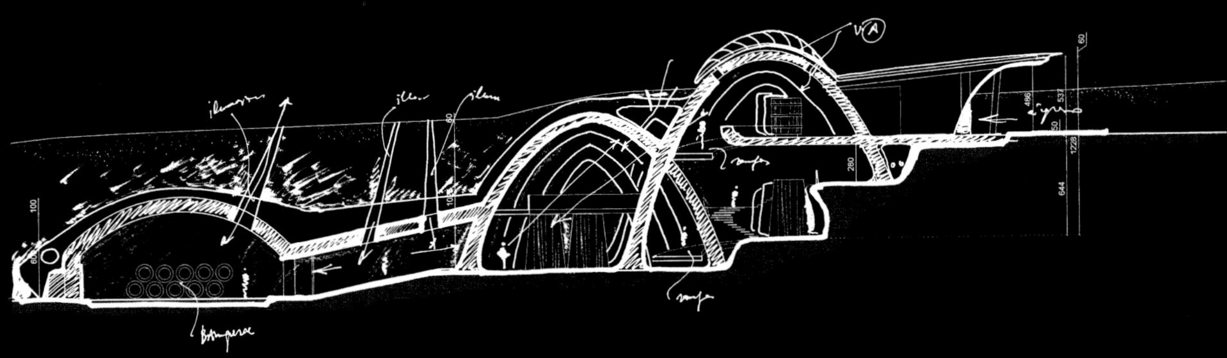

Il progetto di questa cantina ipogea è risultato particolarmente stimolante per la possibilità di sperimentare uno spazio interamente interrato nelle colline in prossimità di Rimini. L'intervento prova ad attuare un vero e proprio laboratorio di ricerca per tutte le possibili applicazioni di energie rinnovabili. Lo spazio interno, che si sviluppa con una successione di volte di diverse altezze, prova a ricreare una condizione quasi mistica. Il progetto si ispira ai principi dell'Architettura Organica Vivente di Rudolf Steiner, uniti ai caratteri propri dell'architettura araba: coni di luce naturale illuminano gli spazi interni; l'elemento acqua come elemento decorativo e strutturale, che scorre sulle pareti in sasso regolando l'umidità interna; un sistema di cunicoli e condotti naturali, che consentono di calibrare la ventilazione interna grazie alla realizzazione di una torre del vento tipica dell'architettura iraniana.

TENUTA
BIODINAMICA
MARA

When I was in Venice with my client to see an exhibition about wine cellars that have been planned and built in Italy over the last few years, I saw the first proof of how unique this project was. It is a project centred on the production and conservation of wine, using completely natural methods.

The vines are grown using Steiner's biodynamic agriculture method, which is based on the relation with nature and the universe, extreme care of the vineyard, delicate treatment of vines and also creating the environment where this precious liquid should rest, a fundamental element in this procedure.

From these starting points, the various hypotheses for the plan of the cellar were developed. Despite being theoretically different, they all have the following characteristics.

A planned location, allowing for the grapes to be collected and unloaded at ground level, then using gravity, to be organised on the various levels, from the top floor to the level 14 metres underground.

The great challenge was to build a large underground space, with complete natural ventilation and airing system, fresh air and humidity control, without any mechanical equipment.

Tenuta Biodinamica Mara
2008, Project
4200 square metres
Structure in reinforced concrete
Materials: stone, GRC, wood roofing

U
Cro 06/08
B
C
D
E
Castro 08/08

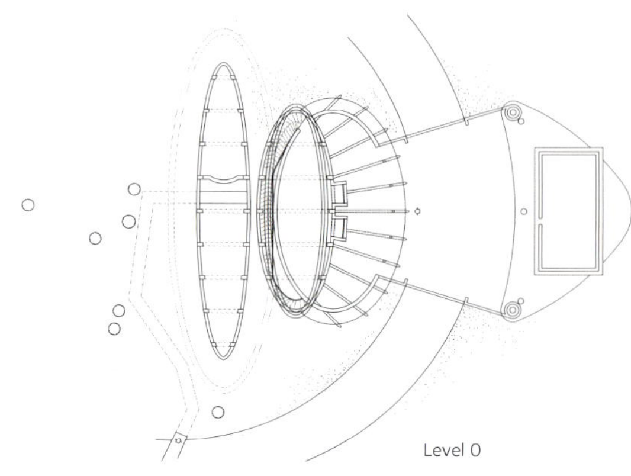

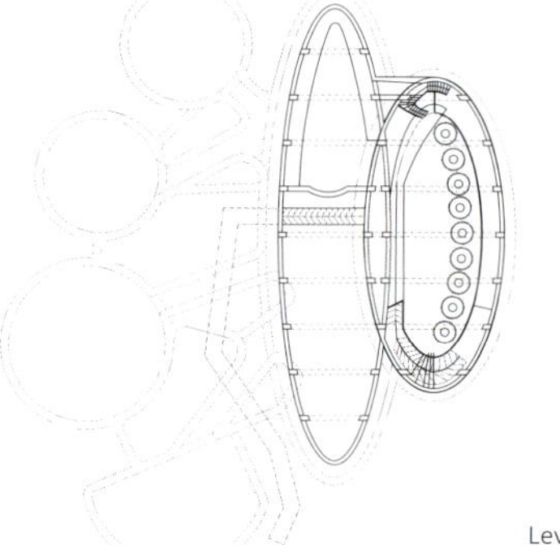

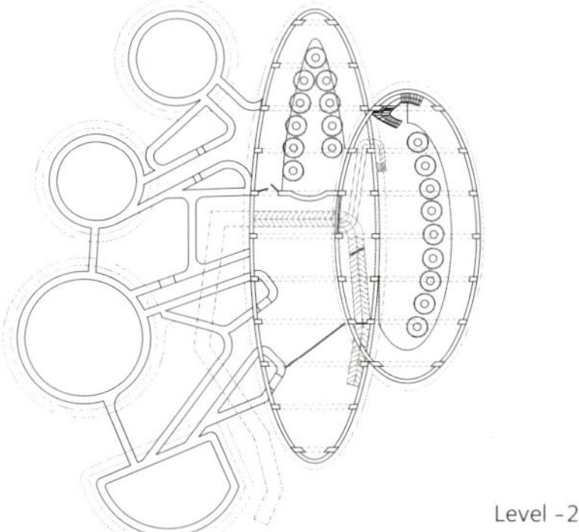

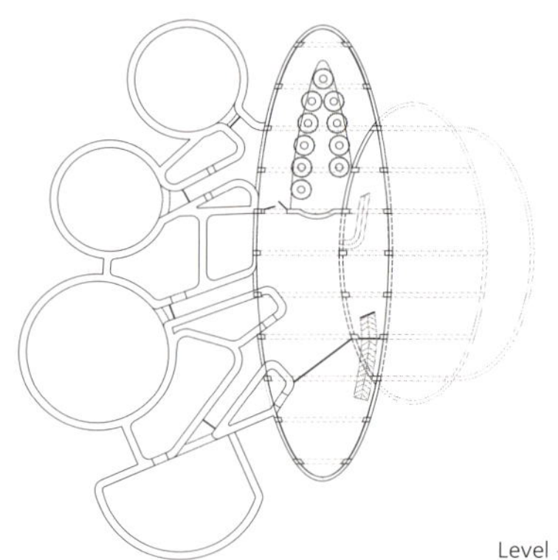

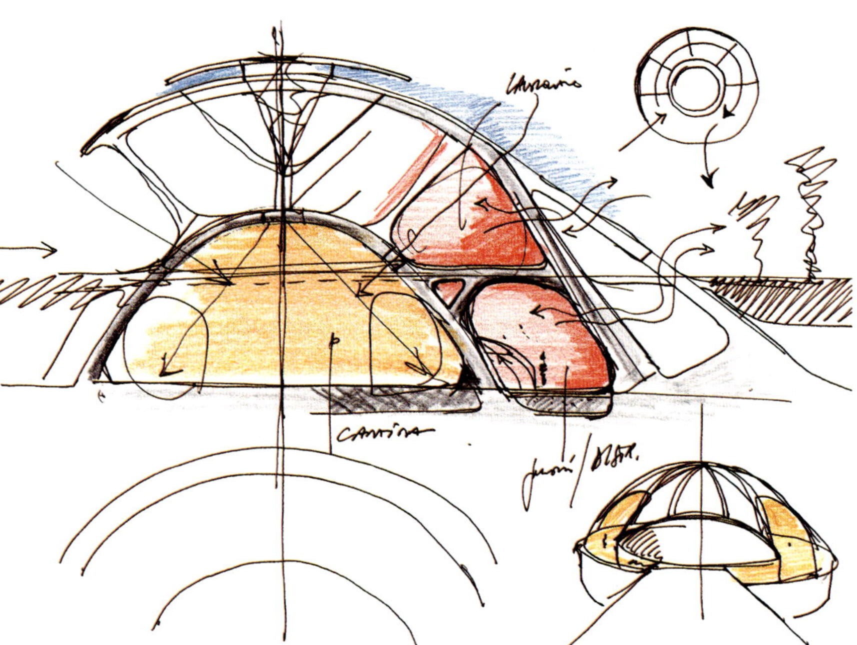

One of the sources of inspiration was certainly the visit to Granada's *Alhambra*, a great example of Islamic architecture, where the skilful design that harnesses natural light and uses water as part of a natural air conditioning unit can be admired. Light and water are also sources of beauty, and they play a leading role in every room. Altering the water's flow controls the air humidity, its delicate sound creating a natural soundtrack; whilst the light crosses the perforated vaults and is reflected by the marble, in an extremely beautiful light and shadow show. From a design viewpoint, there are also references to Gaudì's architecture, for example in the choice of smooth and moulded surfaces.

Talking about the Goetheanum, Steiner said: *"The building starts from the completely conscious intention to create forms through which people go beyond the consciousness of a tangible, physical presence and feel expanded in the cosmic universe through architecture, sculpture and anything that might be included within that work of art"*.

Steiner's anthroposophy became a guide to planning the parts of such a complex mechanism as the cellar. From the entrance to the most hidden part where oak wines were saved, everything was permeated by an almost mystical experience, through a series of arches, stairs and pools with water and sounds.

It is no accident that on the gate to the estate the sun and the moon were represented: it confirms the *naturalness* of the whole situation, and the idea of connection to the cosmic elements that drove the entire project.

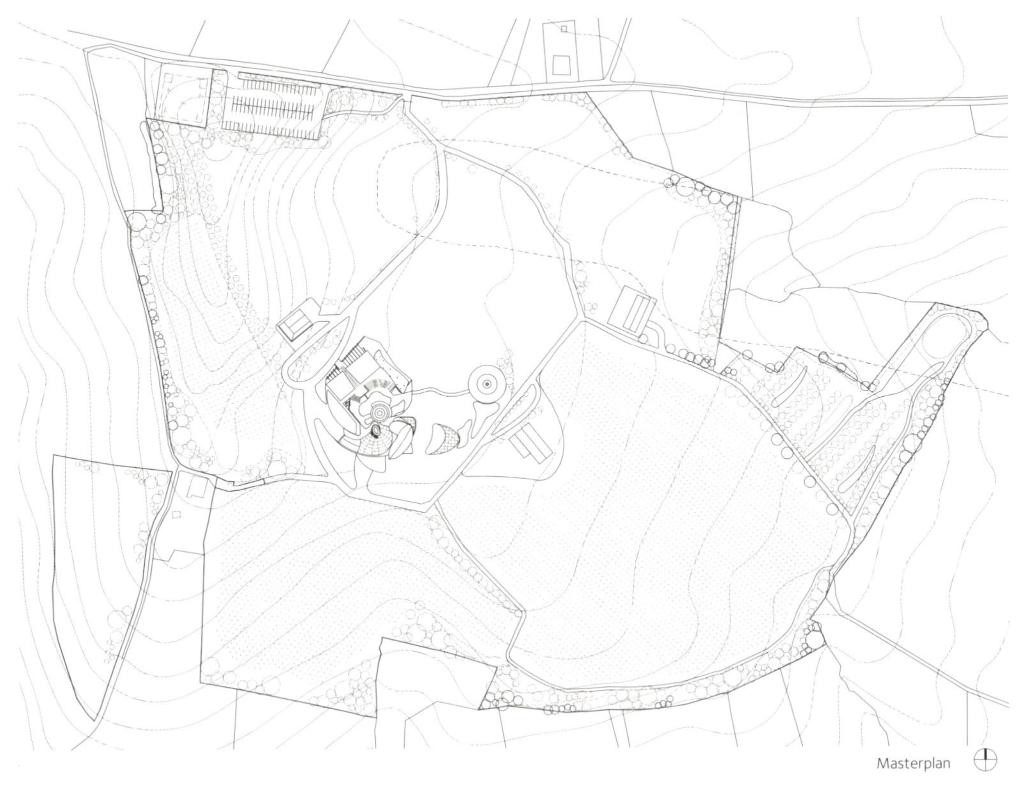

Masterplan

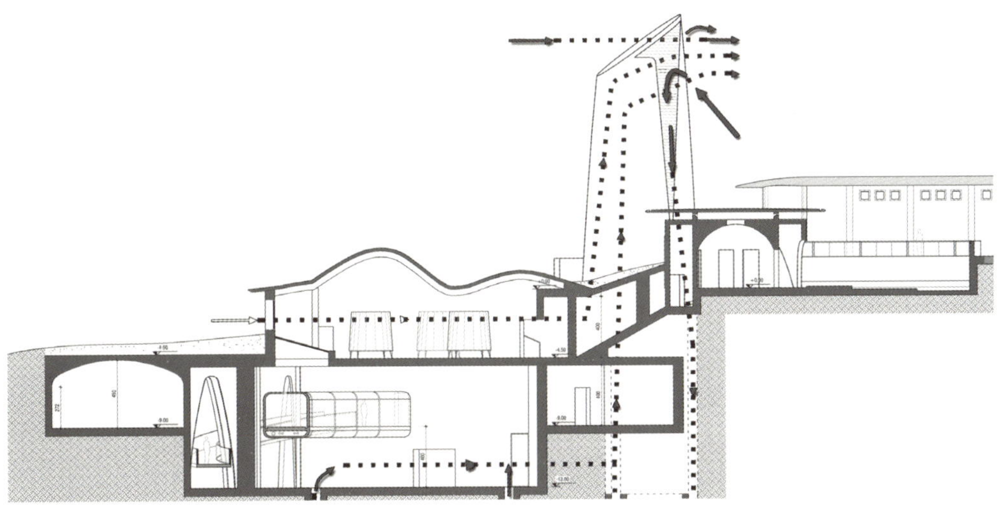

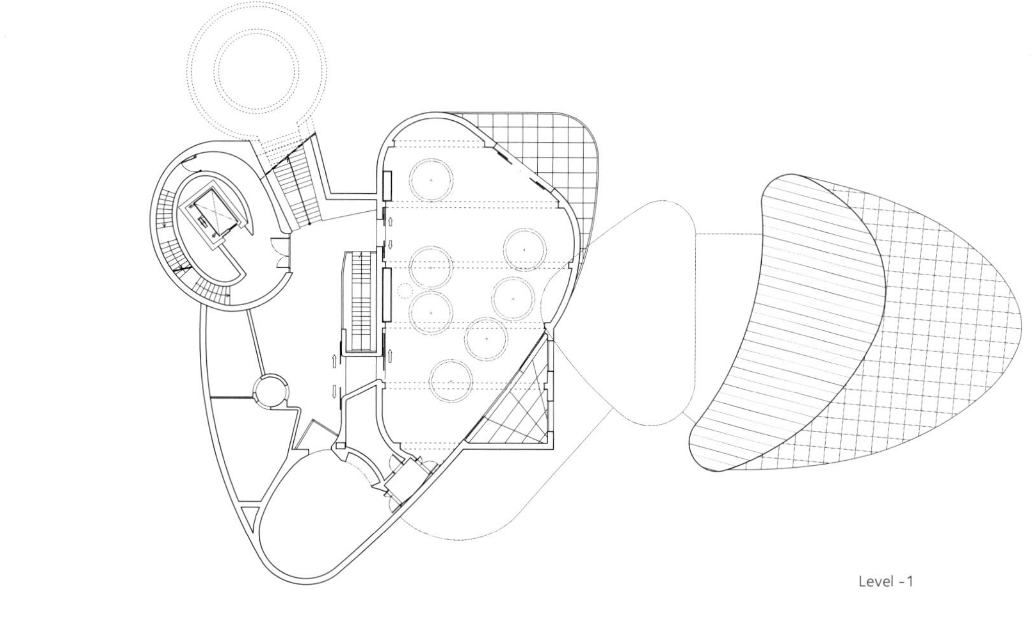

Level -1

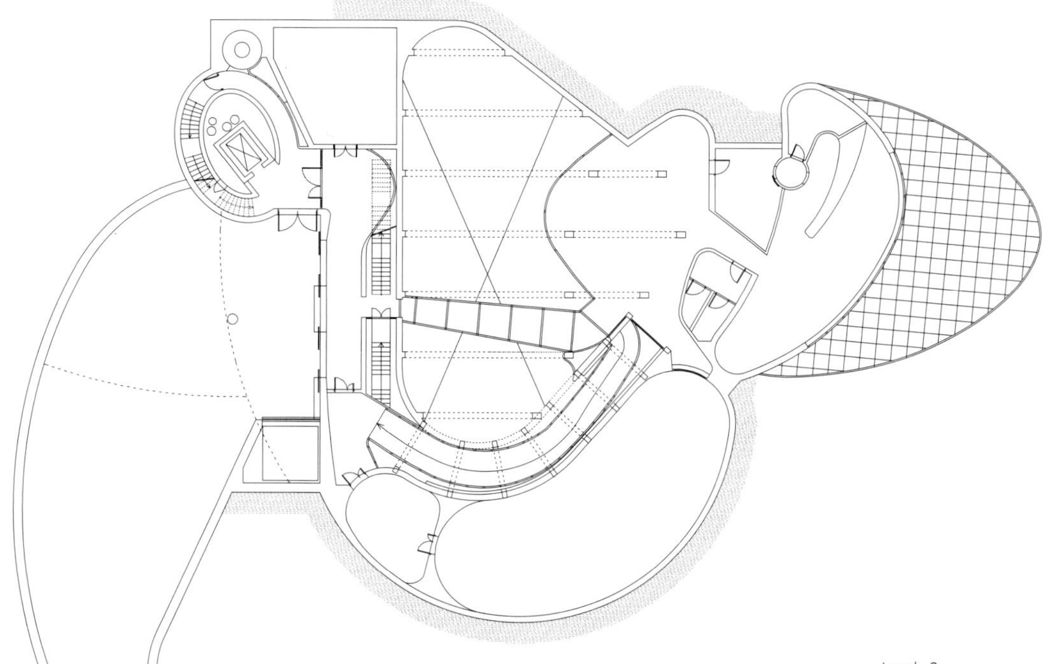

Level -2

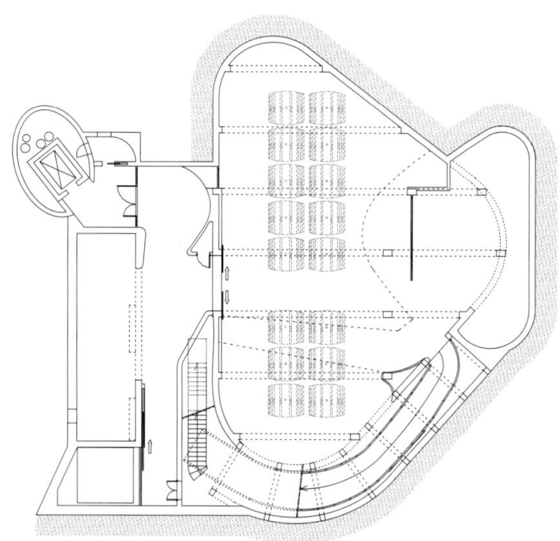

Level -3

Mi trovavo un giorno a Venezia con il mio cliente per visitare una mostra sulle cantine vinicole progettate e realizzate in Italia in questi ultimi anni. Proprio lì ho avuto per la prima volta la conferma dell'unicità di questo progetto, che mette al centro dello spazio la produzione e la conservazione del vino con sistemi del tutto naturali.

La coltivazione delle viti prevede il metodo biodinamico steineriano, che si fonda sul rapporto con la natura e il cosmo, un habitat del vigneto particolarmente curato, un trattamento delicato delle uve, e così via fino alla definizione del luogo dove far *riposare* questo prezioso liquido, che in questo contesto assume un ruolo determinante.

Da queste premesse si sviluppano le varie ipotesi di distribuzione della cantina che, seppure formalmente diverse, mantengono le suddette caratterizzazioni.

Un luogo, quello progettato, che consente di portare e scaricare le uve raccolte alla quota del terreno e, per caduta, di organizzare le varie fasi di lavorazioni da un piano all'altro fino ad una quota di m −14.

La grande sfida è stata quella di realizzare uno spazio interrato, dalle dimensioni ragguardevoli, con un sistema di ventilazione, ricambio dell'aria e controllo dell'umidità totalmente naturale, senza alcun inserimento di impianti meccanici.

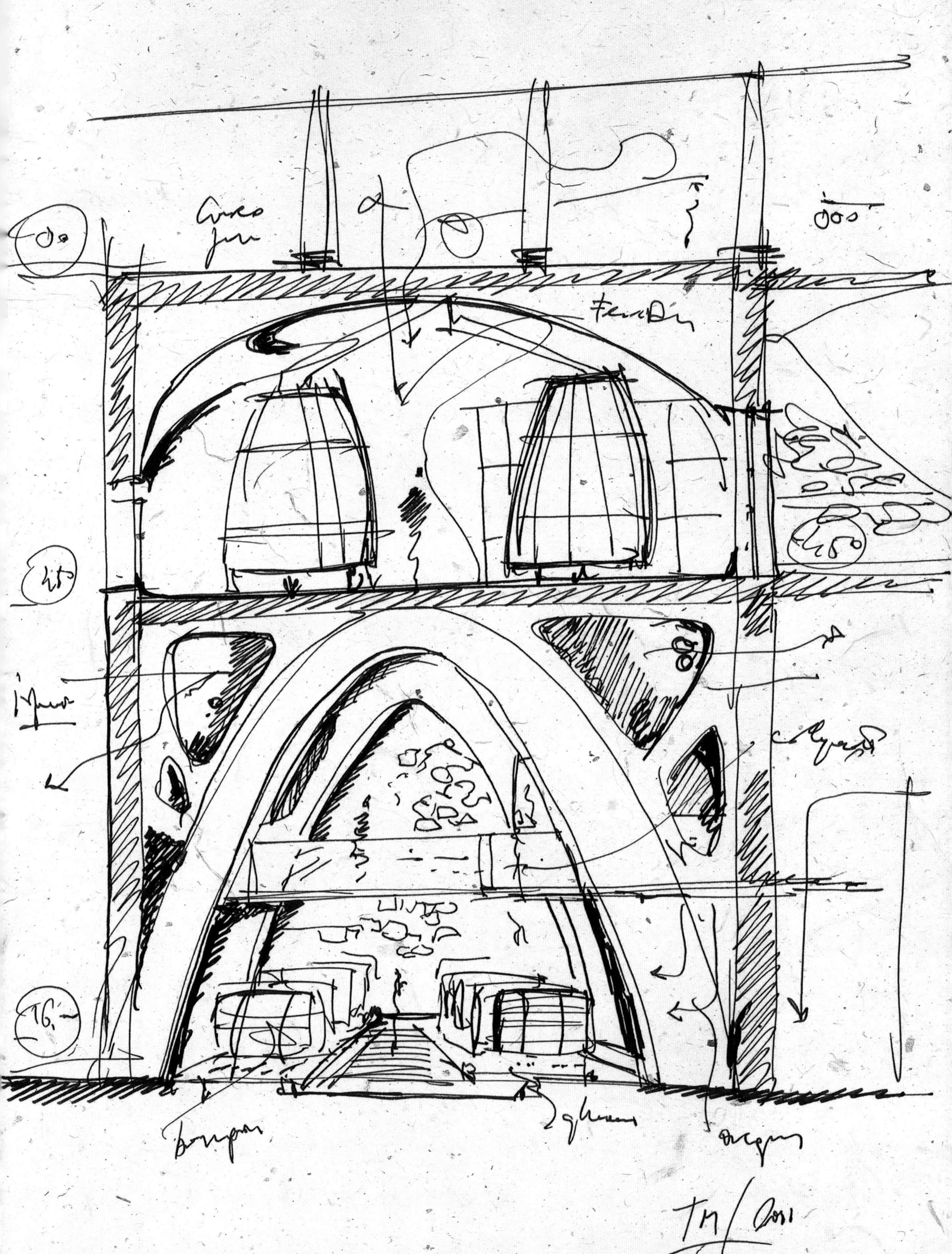

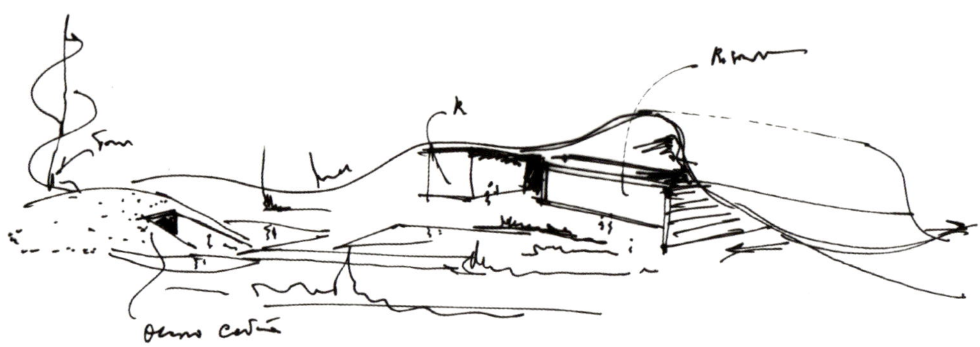

Una delle fonti di ispirazione è senza dubbio stata la visita all'*Alhambra* di Granada, grandioso esempio di architettura araba in cui si possono ammirare la maestria progettuale con cui si sono sfruttate la luce e l'acqua, come fonte di illuminazione e di climatizzazione naturale, nonché fonti di bellezza, ovunque protagoniste di ogni locale: l'acqua che scorre e controlla con la sua maggiore o minore quantità l'umidità dell'aria, il suono delicato del suo scorrimento che creano una naturale colonna sonora; la luce che passa attraverso le trame delle volte forate e si riflette sui marmi decorati, con un gioco di luci e ombre di grande bellezza. Dal punto di vista formale, altri riferimenti si sono rintracciati nell'architettura di Gaudì, come nella scelte di superfici morbide e modellate.

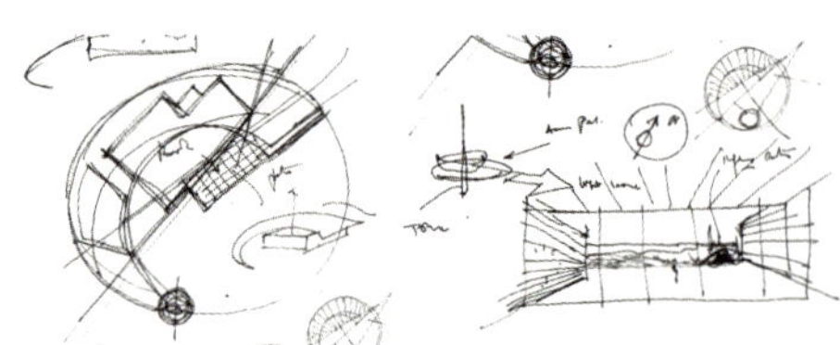

Dice Steiner riferendosi al Ghoetheaum: *"[...] L'edificio parte dall'intenzione del tutto cosciente di creare delle forme mediante le quali l'uomo superi la coscienza di una presenza meramente fisica sensibile e si senta espanso nell'universo cosmico per mezzo dell'architettura, della scultura e di tutto quanto possa essere contenuto in tale opera d'arte [...]"*.

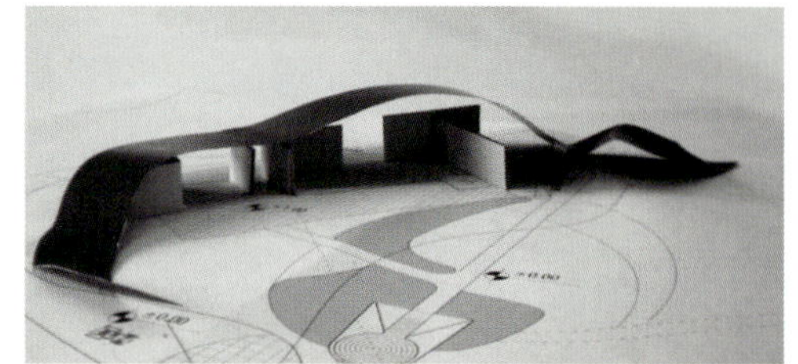

L'antroposofia steineriana diventa guida alla redazione delle parti di questa macchina complessa che è la cantina e, dall'ingresso fino alla parte più nascosta della zona dei barrique, il tutto è permeato da un'esperienza quasi mistica in un susseguirsi di archi, rampe, specchi d'acqua e suoni.

Non è casuale che il cancello d'ingresso alla tenuta rappresenti il sole e la luna a conferma della *naturalità* dell'insieme e dello spirito di connessione con gli elementi cosmici che ha guidato l'intero progetto.

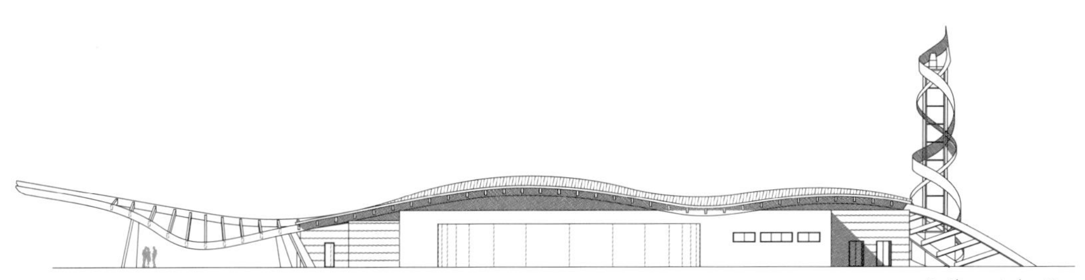

North-west elevation

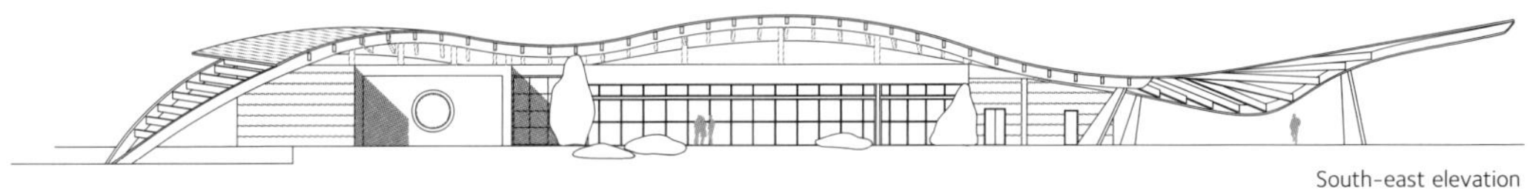

South-east elevation

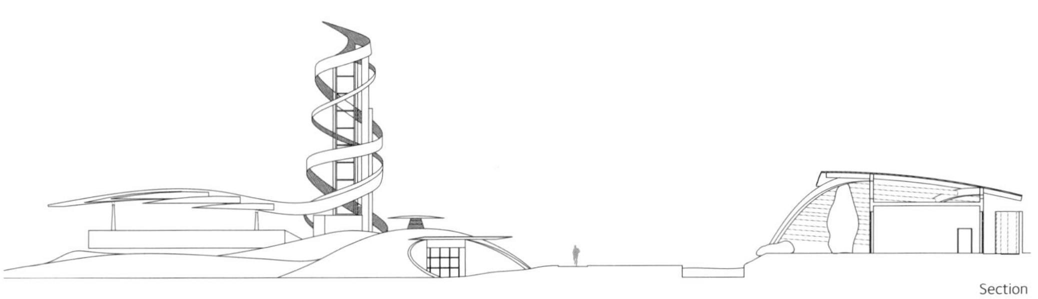

Section

During the development of the project, a request was made to pick and design a small restaurant. The place has been singled out at the top of a hill, at the entrance to a cellar. A rusty metal ribbon creates a wavy pattern, underneath which the public spaces are located. The complete transparency of the feature means that the beautiful surrounding landscape can be enjoyed. After going around a court and garden with a pond, the metal ribbon re-emerges from the ground and formally defines the wind tower.

Nello sviluppo del progetto è stato richiesto di individuare e progettare un locale che potesse avere la funzione di sala degustazione e piccolo ristorante. Il locale è stato individuato sulla sommità della collina, in corrispondenza dell'ingresso alla cantina. Un nastro di metallo ossidato crea un motivo ad onda e sotto di esso sono alloggiati gli spazi aperti al pubblico. La totale trasparenza dell'elemento consente di godere del pregevole paesaggio circostante. Il nastro in metallo, dopo aver definito una corte con giardino e specchio d'acqua, riemerge dal terreno e definisce formalmente la torre del vento.

Former Burgo Paper Mill

Renovation
2011, Project
Marzabotto, Bologna, Italy

The industrial estate, which has not been in use for some years, is located near to the River Reno and set in the foothills of the Apennines. The project is to recover the existing buildings and to transform them into an amenity centre to service the surrounding residential area. The existing internal open space is transformed into a square or meeting point and the various buildings are left empty at the ground floor to allow for a network of walkways. Some example of the amenities are spaces for teaching with the university campus, spaces for relaxing and refreshment, commercial spaces and the integration of a train station.

Il complesso industriale, ormai in disuso da qualche anno, è collocato in prossimità del fiume Reno in un contesto collinare che anticipa la catena degli Appennini. Il progetto prevede il recupero degli edifici esistenti e la loro trasformazione per creare un nucleo di servizi da mettere in relazione al centro abitato confinante. In particolare lo slargo interno esistente viene trasformato in una piazza come centro di aggregazione e i vari edifici vengono "svuotati" al piano terra per realizzare la rete dei percorsi pedonali. Tra i servizi individuati: spazi per la didattica con campus universitario, spazi per il relax e il ristoro, spazi commerciali e l'integrazione di una stazione ferroviaria.

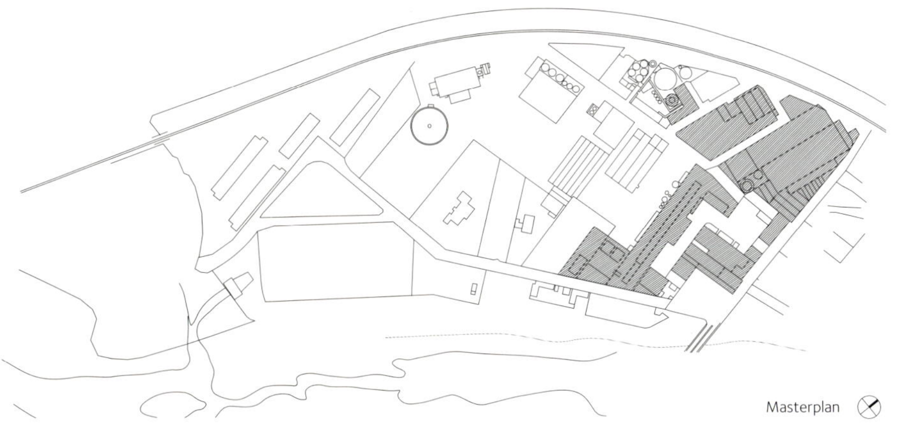

Masterplan

The relationship between the complex and the residential centre will be guaranteed by almost completely removing the walls on the ground floor, in such a way as to create an internal covered pathway between the various functions. The same pathways open onto a square on a park by a river, which leads towards a station, signposted within the building.

La relazione tra il complesso e il centro abitato viene garantita operando uno svuotamento quasi totale delle murature al piano terra, in modo da realizzare una rete di percorsi interna e al coperto tra le diverse funzioni. Gli stessi percorsi si aprono sulla piazza, sul parco lungo il fiume e verso la stazione che è prevista all'interno dell'immobile.

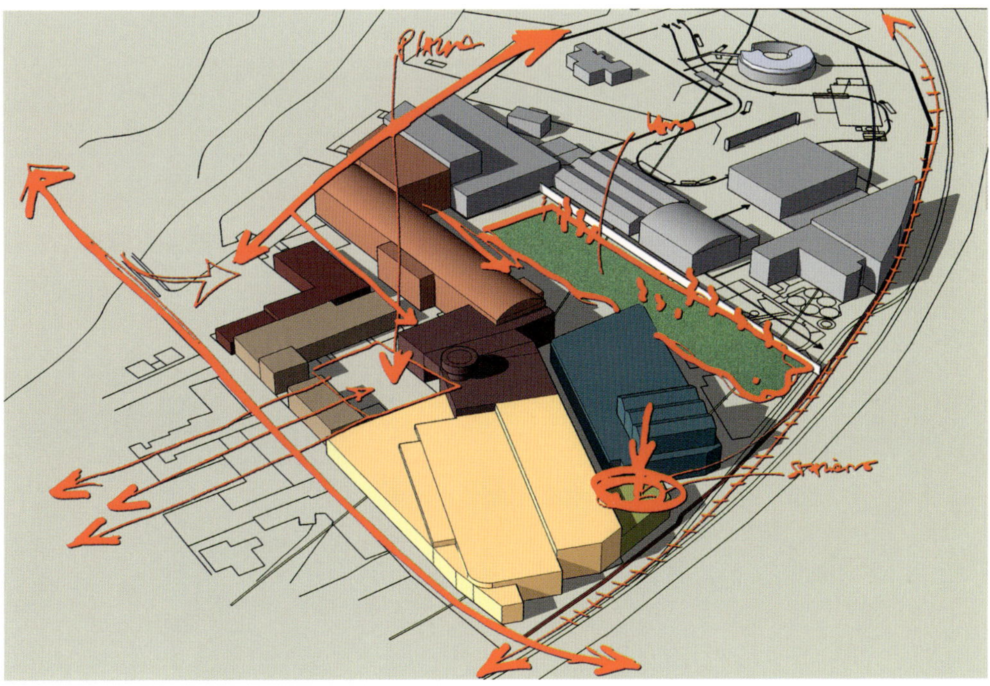

Former Burgo Paper Mill
2011, Project
34000 square metres
Structure in reinforced concrete
Materials: metal, glass, aluminium covering and photovoltaic panels

The buildings are transformed on the ground floor to allow for the construction of real urban footpaths. The setting back of the fittings from the façade allows for porticoes for covered pathways.

Gli edifici vengono trasformati al piano terra per consentire la realizzazione di vere e proprie strade urbane pedonali. L'arretramento degli infissi rispetto alle facciate consente di ottenere portici per percorsi coperti.

The space that has been left between the building destined for teaching and the building for students is transformed into a park. A visual filter is created hiding them from others and giving a green park to the university campus.

Lo spazio che rimane tra l'edificio destinato ad attività didattiche e per gli studenti viene trasformato in parco: si crea un filtro visivo rispetto alle altre attività e un parco verde a servizio del campus universitario.

The Square, a meeting place for the whole residential centre, is constructed in an open space by pulling down the wall near the road and creating a 'centre' from which all the places in the complex can be reached.

La Piazza, luogo di aggregazione per l'intero centro abitato, viene realizzato in uno slargo attualmente esistente eliminando la cortina muraria verso la strada e creando un "centro" da cui dipartono i percorsi per tutte le destinazioni del complesso.

The river bank is equipped like a park, with a play area. The buildings, which are facing the river and which internally host a green area, have openings onto the park in a way that creates continuity of pathways between the internal and external areas of the complex.

Il lungofiume è attrezzato a Parco con dotazioni per il gioco. Gli edifici, che sono prospicienti il fiume e che accolgono al loro interno un' area destinata a verde, prevedono delle aperture sul parco in modo da creare continuità di percorso tra esterno e interni del complesso.

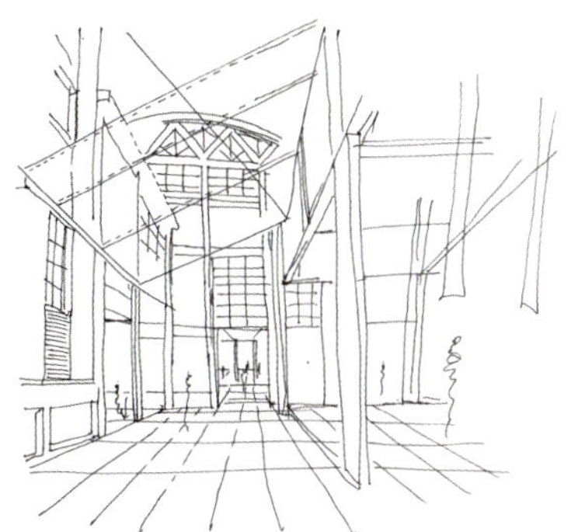

The train station on the corner of the complex will be constructed in a way to develop public pathways inside the empty buildings. This also allows for the development of small businesses.

Sull'angolo del complesso è prevista la realizzazione di una stazione ferroviaria in modo da sviluppare le percorrenze pubbliche pedonali all'interno degli edifici opportunamente svuotati. Questo consente anche lo sviluppo di piccole attività commerciali.

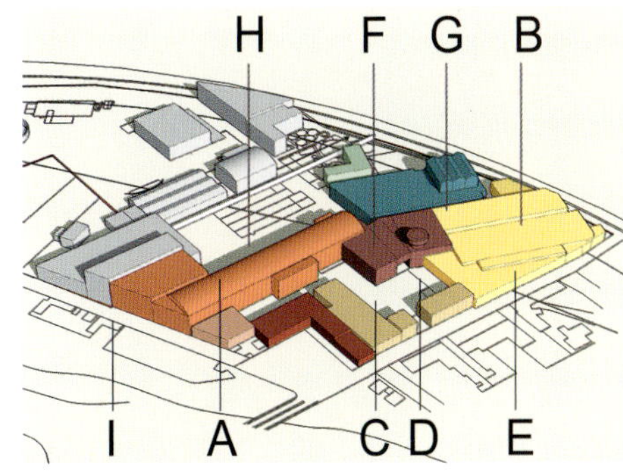

A School classrooms, bedrooms, a meeting room and a bookshop
B Station offices, businesses
C Public offices
D Square
E Permanent and temporary exhibition spaces
F Restaurant
G Play area, gym
H Green Area
I Park

City and social commitment
by Alberto Maria Prina

Three important projects: regenerating an urban environment, managing development and adding value to historic and environmental features.

Projects in towns or cities do not only consist of planning the territory and dividing it up into zones and functions according to academic theory, creating infrastructure for mobility or planning buildings and neighbourhoods in a suitable way. According to Coppola projects can be defined through a new and complex methodological approach that is aimed a real 'sustainable urban regeneration'. It is also in accordance with the European Union which defines urban regeneration as: 'the process for reversing the economic, social and physical decay of the city'.

Two main conditions for determining the role of the project and its final definition exist, one connects with the methodological approach of the designer, the other depends on the context in which it is applied. Coppola gives a strong innovative contribution utilising an integrated methodology, which is able to activate 'concepts of flexibility' and an exchange between places, times and ways of using the city without neglecting social commitment.

It is this which forces us to acknowledge that not only one city exists, made up of roads, walls, buildings, factories churches and theatres but that also, and in particular, the 'mould of the city' exists that is its intangible but meaningful part, which gives life to the whole and is defined through the complexity of its relationships. Without it the city has no 'soul', nor does it have roots nor a meaning in its existence.

A plan for a city cannot be made without taking into consideration that 'mould', made up from the roots, the history of the places and people who live there, who pass through it, who love it and who constructed it.

They are the core values of 'civitas', of a new humanism of welcoming, combination of cultures, processes for inclusion of diversity, facilitated access to services, focus on lifelong learning and new generations. They transport the meaning of invention and all the virtuous processes able to free citizens from their economic need. They safeguard the environment, the commitment towards the common good and more equal distribution of social wellbeing. They are deep and meaningful ties.

Coppola's methodological approach covers a systematic web capable of integrating spatial, environmental, historic, social and anthropological relationships. A process of sustainable urban regeneration cares for the environment in a wider sense and is open to green economy as well as being flexible.

You could say that introjecting those experiences, the future is already written inside us.

And if it is true that the need of imagining the future is in every designer, not only the utopian ones, then for Coppola it is now necessary to direct our attention towards a new planning attitude, to accept the fact that some utopias have influenced actual creations.

Contemporary design and the resulting structures determine a modification that is not limited to what can be seen: it is an instrument of such force and ability to transform that it deeply affects our lives both today and tomorrow. The complexities of the relational systems of the contemporary city represent the starting point for studies for deciding which future scenes we might find ourselves in or, in a more ambitious way, create.

The need to consider the concept of housing in its complexity was already evident to Coppola in the foundation of the Loop Design Centre, where he investigated and studied all aspects that make up the design, not stopping at a disciplinary environment, but analysing the whole system. For this reason he has worked on graphics, communication, music, theatre and everything that actively makes up our daily life, in both architecture and design, and he continues to do so.

The complexity of the processes must be analysed to find reference and research models, also communication structures, essential for those who want to maintain levels of maximum excellence.

Città e impegno sociale

by Alberto Maria Prina

Tre grandi progetti: riqualificare il contesto urbano, gestire lo sviluppo e valorizzare le caratteristiche storico-ambientali

Gli interventi sulla città non consistono solo nel pianificarne il territorio suddividendolo in zone e funzioni secondo accademiche teorie, nel creare infrastrutture per la mobilità, nel prevedere edifici o quartieri in modo più o meno opportuno ma, secondo Coppola, si definiscono attraverso un approccio metodologico nuovo e complesso, teso a una vera e propria "rigenerazione urbana in chiave sostenibile". In accordo anche con quanto l'Unione Europea indica come rigenerazione urbana: " il processo per invertire il decadimento economico, sociale e fisico delle città".

Esistono due condizioni principali che determinano il ruolo del progetto e la sua definizione finale, una legata all'approccio metodologico del progettista, l'altra dipendente dal contesto in cui questo si applica. Su questo Coppola dà un forte contributo innovativo utilizzando una metodologia pensata in modo integrato, cioè capace di attivare "concetti di flessibilità" e di interscambio tra i luoghi, i modi e i tempi d'uso della città senza mai prescindere dall'impegno sociale.

Questo modo di procedere, ci costringe a prendere atto che non esiste solo una città fatta di strade, muri, viali, palazzi, fabbriche, chiese e teatri, ma che esiste anche e soprattutto "l'impronta della città": quella sua parte immateriale ma pregnante che ne anima l'insieme e che si definisce attraverso la complessità delle sue relazioni. Senza di esse la città non trova la propria "anima", le sue radici e il senso stesso della propria esistenza.

Non si può pensare di intervenire sulla città materiale prescindendo da quell' "impronta" data dalle radici, dalla storia del luogo e delle persone che l'hanno abitato, attraversato, amato e costruito.

Sono valori forti di "civitas" e di nuovo umanesimo l'accoglienza, l'aggregazione delle culture, i processi di inclusione delle diversità, l'accesso facilitato ai servizi, l'attenzione alla formazione continua e alle nuove generazioni. Sono portatori di senso le invenzioni e tutti i processi virtuosi capaci di affrancare i cittadini dal bisogno economico. Sono legami profondi e significanti la tutela dell'ambiente, l'impegno verso il bene comune e verso una distribuzione più equa del benessere sociale.

L'approccio metodologico di Coppola disegna una ragnatela sistematica capace di integrare relazioni spaziali, ambientali, storiche, sociali e antropologiche. Un processo di rigenerazione urbana in chiave sostenibile, attento all'ambiente in senso lato, aperto alla green economy, flessibile.

Si potrebbe così dire che introiettate quelle esperienze, il futuro sia già scritto dentro di noi.

E se è vero che l'esigenza di immaginare il futuro è di ogni progettista, non solo degli utopisti, per Coppola è oggi necessario indirizzare il nostro fare verso un atteggiamento progettuale nuovo, pur accettando il fatto che alcune utopie hanno influenzato successive realizzazioni concrete.

Il progetto contemporaneo e il conseguente costruito determina una modificazione che non si limita a quanto è fisicamente evidente: è uno strumento di tale forza e capacità di trasformazione che incide in modo profondo sul nostro vivere quotidiano e di domani. La complessità dei sistemi di relazione della città contemporanea rappresenta la base di partenza degli studi da avviare per individuare su quali scenari futuri potremo confrontarci o, nella forma più ambiziosa, creare.

La necessità di considerare il fenomeno abitativo nella sua complessità era già evidente per Coppola nella fondazione del Loop Design Centre dove si indagavano e studiavano tutti gli aspetti che fanno parte della progettazione non limitandosi all'ambito disciplinare ma analizzando il sistema intero.
Per questa ragione si occupava, e ancora fa, di architettura ma anche di design, di grafica e di comunicazione, di musica, teatro e quanto partecipa attivamente al nostro vivere quotidiano.

La complessità dei processi va analizzata per trovare dei modelli a cui riferirsi e la ricerca, anche sulle strutture profonde della comunicazione, è sostanziale per chi vuole mantenere livelli massimi di eccellenza.

From a Village to a Complete City
Castel Guelfo

Strategic plan
2006
Castel Guelfo di Bologna, Italy

The project expresses a new idea of the town – a complete definition along new lines of development which begins with a strictly geometric choice of a network of connections between its various parts. Each historically and architecturally significant building will find its place and a strong connection to other parts of the town. The study therefore offers the possibility of harmoniously connecting buildings, at the same time creating a new centre of the city in the north-west expansion zone, without losing sight of the simplicity of the connections between the parts.

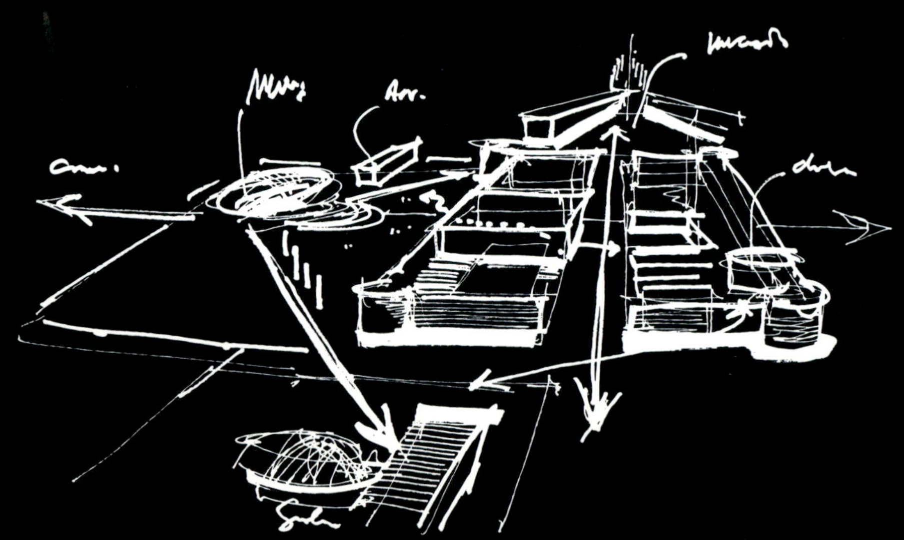

Il progetto esprime un'idea nuova della Città, una compiuta definizione delle nuove linee del suo sviluppo, che parte dalla individuazione – rigorosamente geometrica – di una rete di connessione tra le sue diverse parti, grazie alla quale ogni edificio socialmente e architettonicamente rilevante troverà la sua collocazione e una forte interrelazione con le altre parti della città. Lo studio, quindi, offre la possibilità di connettere armonicamente gli edifici già esistenti pur creando contemporaneamente un nuovo centro della città nella zona di espansione a nord-ovest senza perdere di vista la semplicità di connessione (viabilità pedonale e non) delle parti fra loro.

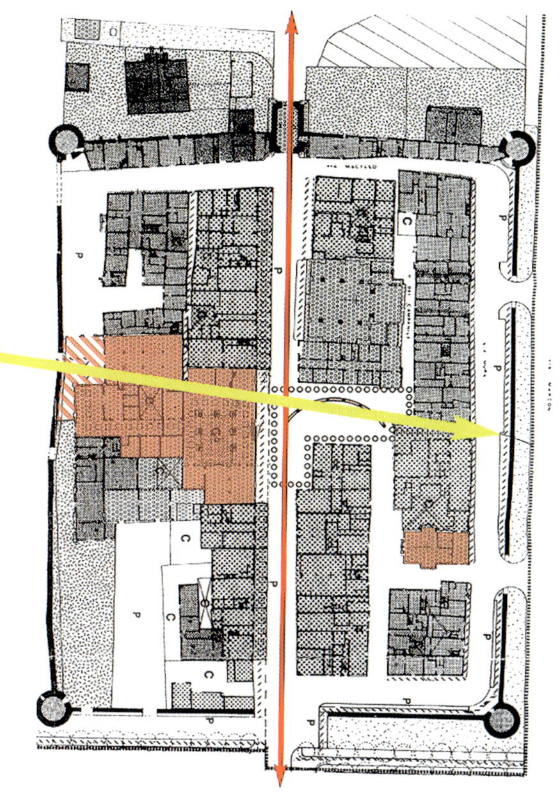

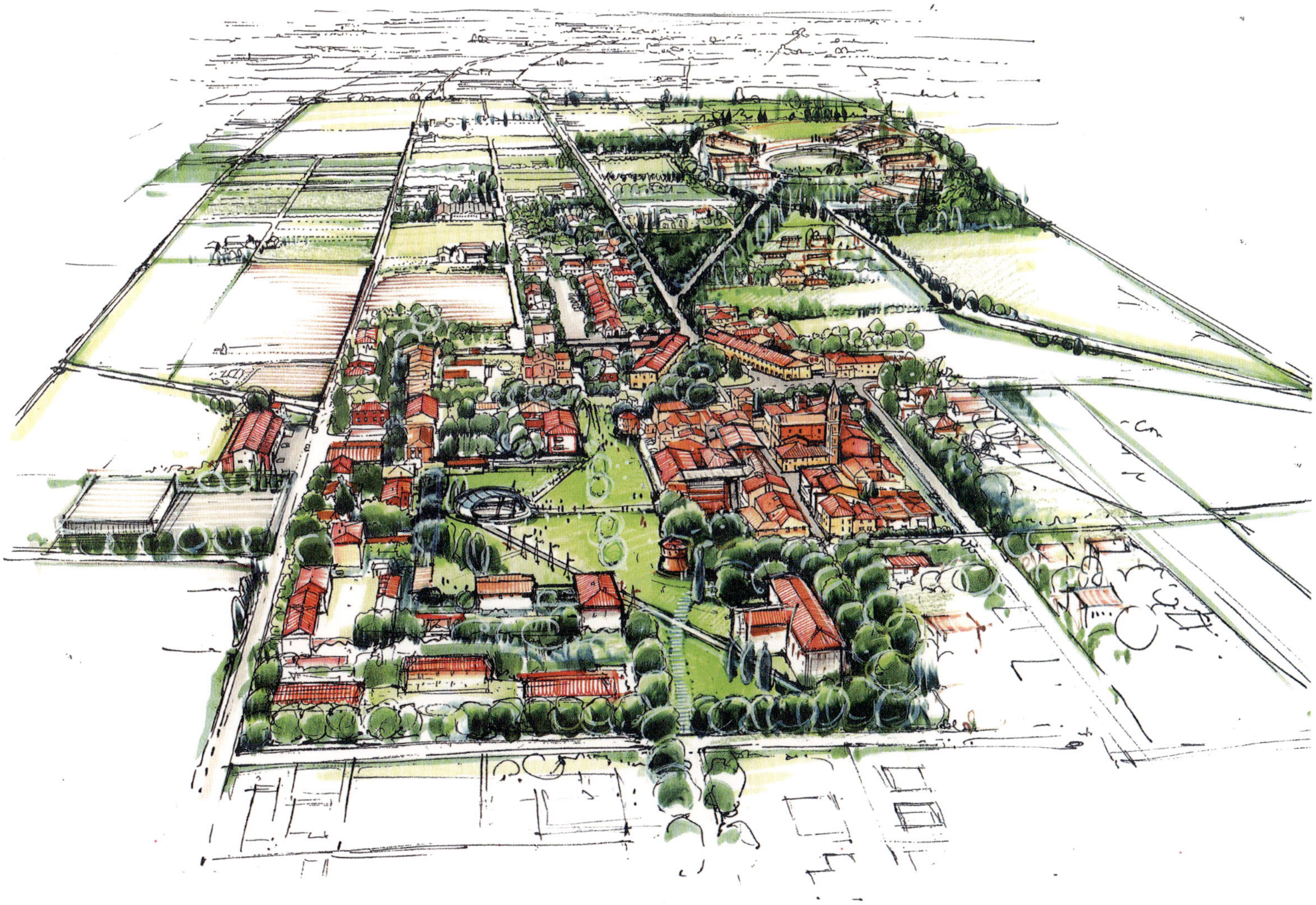

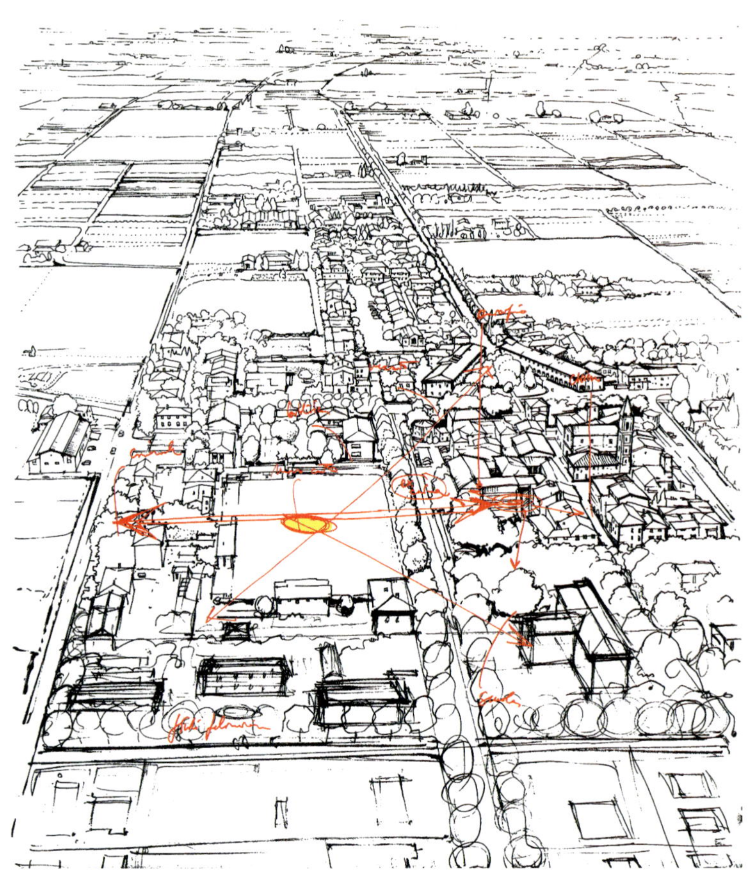

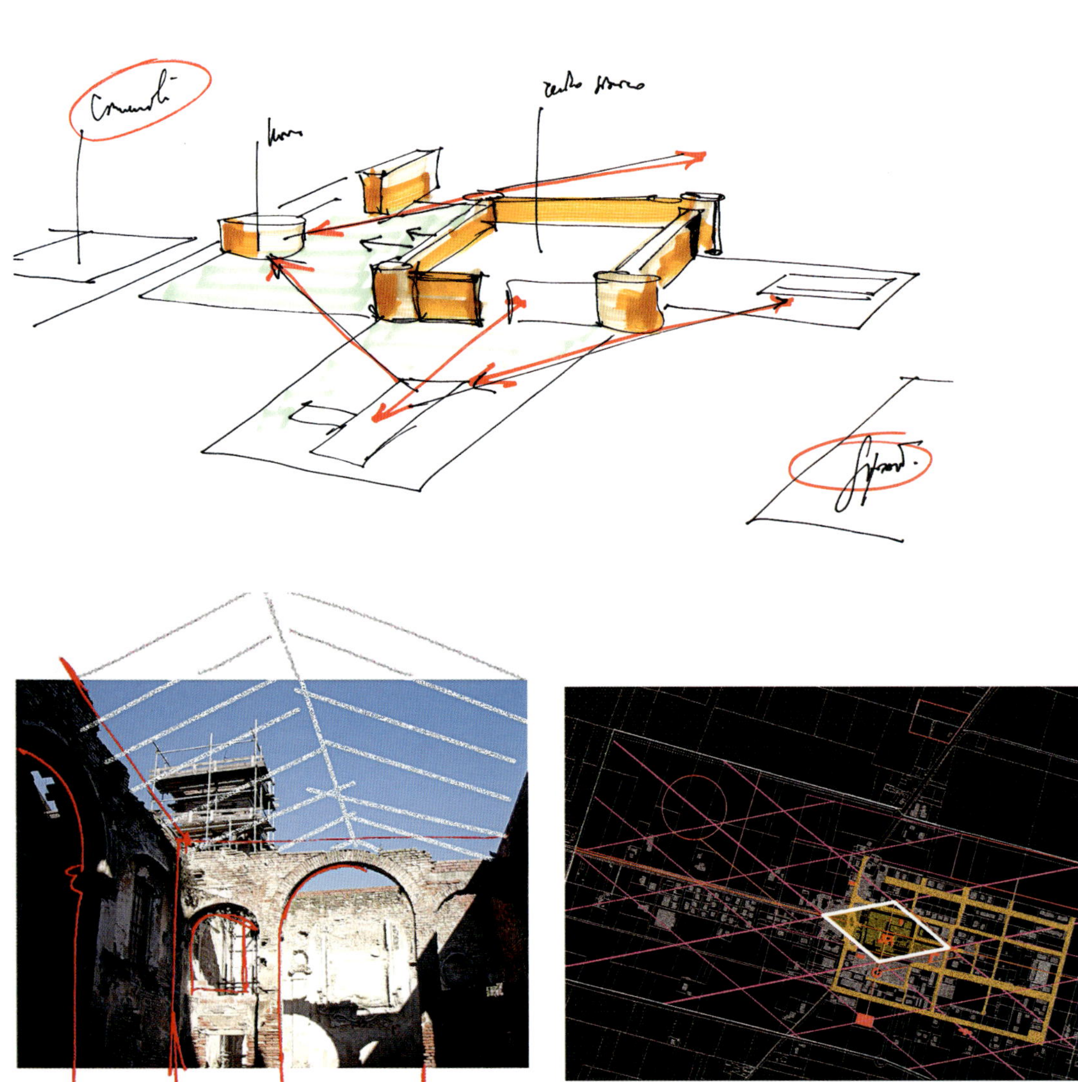
Comunali
centro storico

The second element that sets this project apart is the Green. The extension of the already existing green areas and the creation of green cycle areas and pathways will construct an image of a city made for people, a city where everything is easily reached and in which social relations can live and grow, thanks also to the strong enhancement of spaces and buildings for public use.

To imagine, to plan and to share a new idea of the city is a great and ambitious challenge. What we are proposing is the continuous creation of a serene and harmonious environment, where citizens can live every day not only for themselves, but as integrated parts of a complete and homogeneous living organism: their city.

Il secondo elemento che contraddistingue questo progetto è dato dal Verde. L'estensione delle aree verdi già esistenti e la creazione di nuove zone verdi pedonali e ciclabili costituirà di per sé l'immagine di una città a misura d'uomo, una città in cui tutto è facilmente raggiungibile e in cui le relazioni sociali possono vivere e crescere, grazie anche alla forte valorizzazione di spazi e/o di edifici ad uso pubblico.

Immaginare, progettare e condividere una nuova idea di Città è una grande, ambiziosa sfida. Quello che ci proponiamo è la progressiva creazione di un ambiente sereno e armonioso, in cui ogni cittadino possa vivere sentendo ogni giorno di esistere non solo per sè stesso ma come parte integrante di un organismo vivente compiuto e omogeneo: la sua Città.

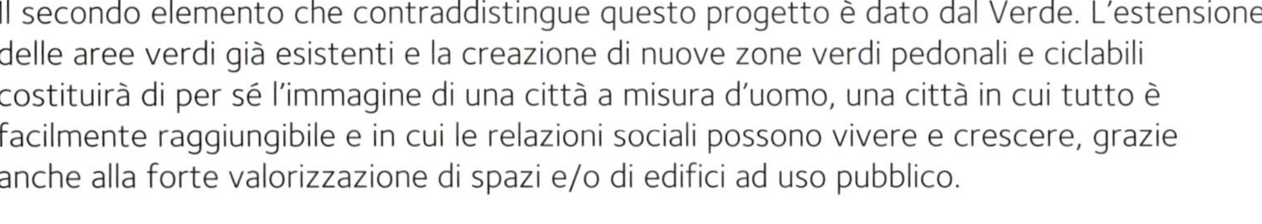

Forum
Castel San Pietro Terme

Strategic plan for the building to be used as offices and health spa
2007
Castel San Pietro Terme, Italy

The project aims to develop a system of multifunctional services on an urban scale, giving the town of Castel San Pietro Terme the possibility of a brand of quality, capable of attracting and retaining tourists and residents. Such a system of services allows various parts to be integrated, developing the specific potential for each of them in a real 'Integrated System': sports facilities (swimming pool, gym, golf) as an integrated part of the offer at a level of recreational equipment; the spa businesses developed in a modern way with small additional rooms, integrated with hotels; the specific residential structures and businesses integrated with hotels and restaurants.

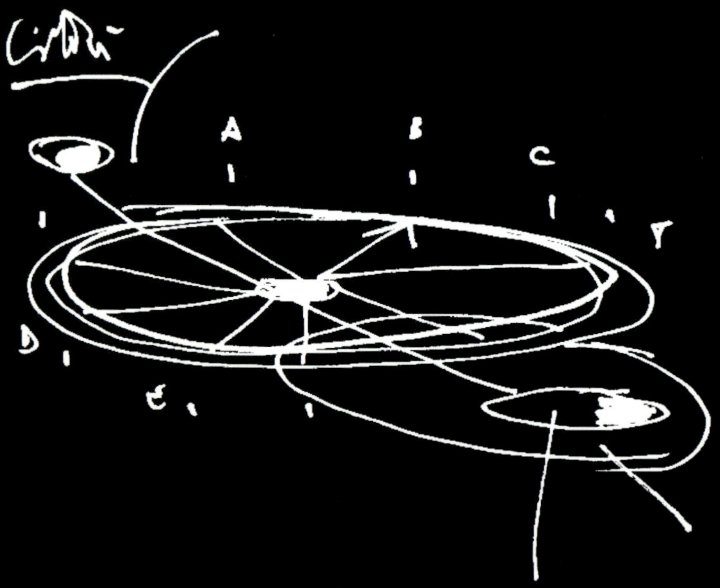

Il progetto si prefigge di sviluppare un sistema di servizi polifunzionali su scala urbana conferendo alla città di Castel San Pietro Terme la possibilità di fare di sè stessa un marchio di qualità capace di attirare e fidelizzare turisti e residenti. Tale sistema di servizi permette di integrare le varie parti, sviluppando le potenzialità specifiche di ciascuna di esse in un vero e proprio "Sistema Integrato": le strutture sportive (piscina, palestre, golf) come parte integrante dell'offerta sul piano delle attrezzature ricreative; le attività termali sviluppate in senso più moderno con piccoli ambulatori di supporto; le strutture residenziali specifiche e le attività commerciali integrate agli alberghi e alle strutture di ristorazione.

For the unusual location, situated in an environment characterised by green areas and a lake, the planning approach took into account two important aspects: creating big impact architectural elements, which work as catalysts for the entire area, and integrating volumes in a context of connecting them with the existing hotel and the *Viale delle Terme.*

One of the most characteristic spaces of the large area of the Forum is the multipurpose building connected with the management, commercial and recreational business, in the form of the bow of a ship. The construction is made up of three main elements: a space at the back in red brick which relates to a hotel, an elliptical space and a space above characterised by a sloping glass surface, which gives a lightness and transparency to the whole building.

Per la particolare ubicazione dell'area, inserita in un contesto di grande rilievo ambientale caratterizzato dalla presenza di aree verdi e da un lago, l'approccio progettuale ha tenuto conto di due importanti aspetti: creare elementi architettonici di grande impatto, che funzionino da catalizzatori per l'intera area, e integrare i volumi nel contesto relazionandoli con l'albergo esistente e il *Viale delle Terme*.

Uno dei volumi più caratteristici dell'ampia area del Forum è l'edificio polifunzionale legato ad attività direzionali, commerciali e ricreative, dalla forma di prua di una nave. La costruzione è composta da tre elementi principali: un volume posteriore in mattoni rossi che si relaziona con l'albergo, un volume ellittico e un volume superiore caratterizzato da una superficie inclinata vetrata che conferisce leggerezza e trasparenza all'intero edificio.

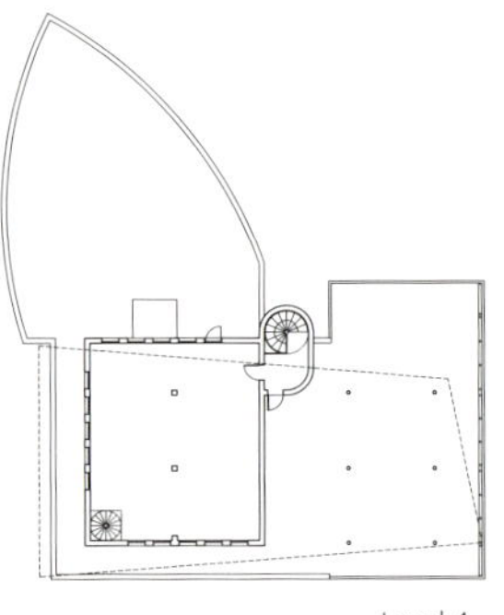

Level 4

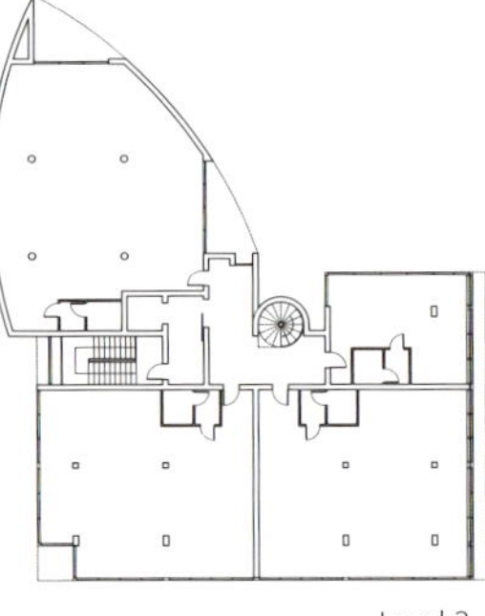

Level 3

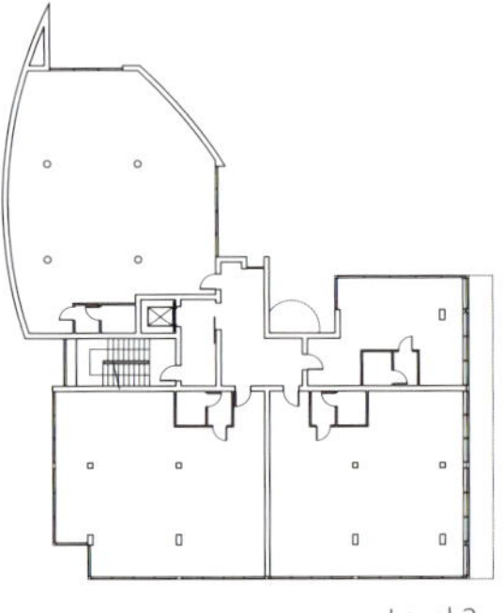

Level 2

Level 1

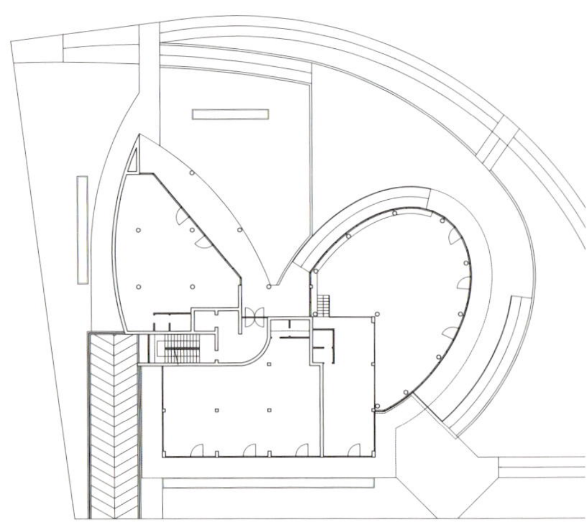

Level 0

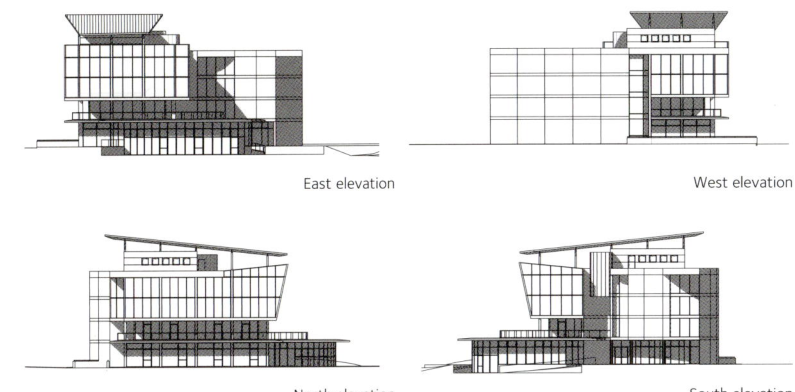

East elevation

West elevation

North elevation

South elevation

A new project methodology
Treviglio

Strategic plan
2009
Treviglio (BG), Italy

The projects in the town of Treviglio take place using a new methodology, aimed at real urban regeneration. The polycentric city is defined by the uniqueness of its historic centre and, at the same time, by every village and neighbourhood which have their own purposes and specificity, giving them value and integrating them with the whole town. Therefore, there has been a process of analysis and elaboration for projects of regeneration and conversion in the historic centre and its dilapidated buildings, in the public spaces and the philological-functional recovery of structures in suburbs, for an overall vision of the city.

Gli interventi sulla città di Treviglio si collocano all'interno di una metodologia d'intervento nuova, tesa a una vera e propria rigenerazione urbana.
La città policentrica si definisce dall'unicità del suo centro storico e, contemporaneamente, da ogni frazione e quartiere portatori di una propria vocazione e specificità da valorizzare e integrare come ricchezza per la città intera. Pertanto sono stati analizzati ed elaborati progetti di riqualificazione e riconversione del centro storico e dei suoi edifici dismessi, degli spazi pubblici di aggregazione e progetti di recupero filologico-funzionale di strutture di frazioni periferiche, in una visione complessiva della città.

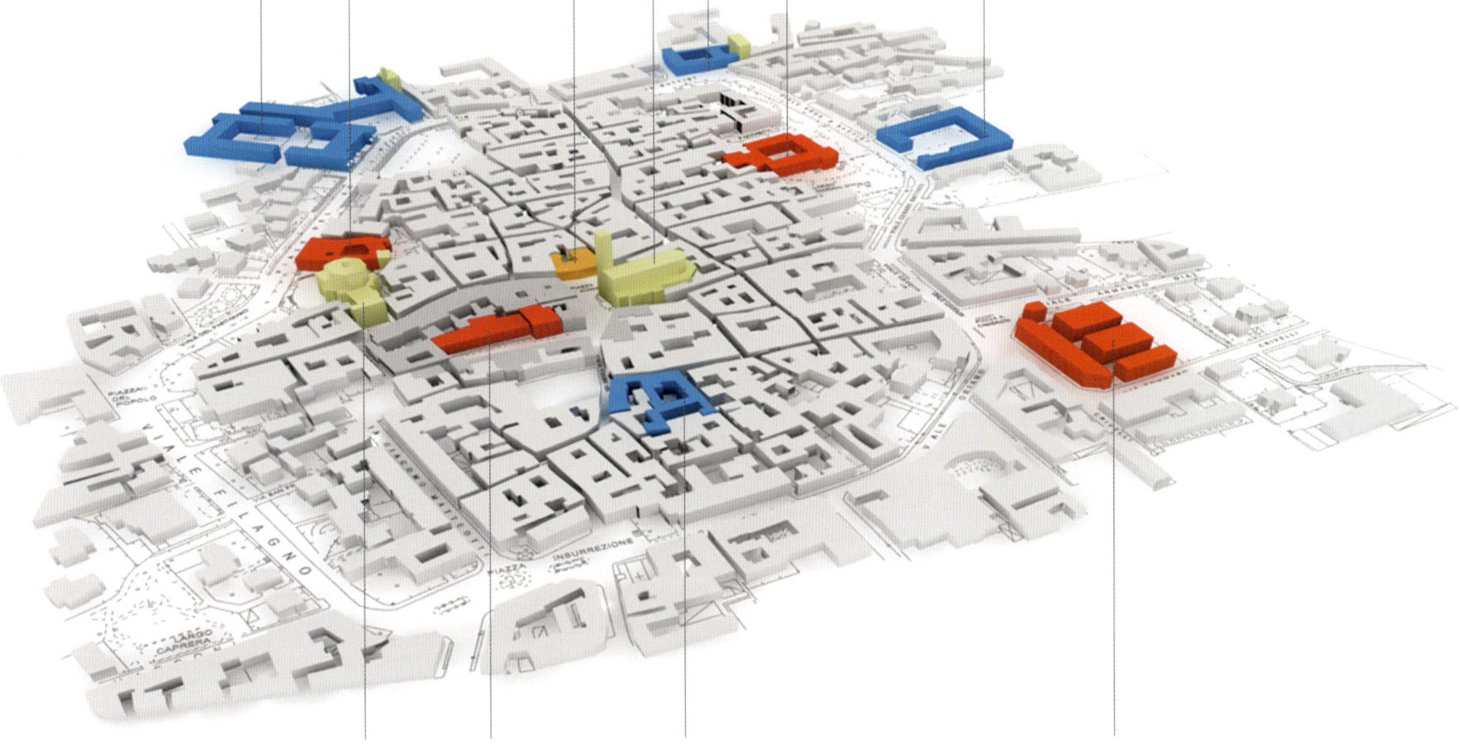

School
Theatre
Town Hall
Church
School
Library
School
Church
Former UPIM store
School
Indoor Market

The project includes a rethinking of the system of squares in the historic centre in a continuous line. Interconnecting the squares redefines the roles and enhances surfaces, through knowing how to use materials, green spaces and lighting. The squares become a link between the centre and the buildings. Through a conscious use of perspective openings, perceptual cones and degraded floors, the planning hypothesis gives value to the present historic patrimony, implements green spaces and foresees a 'fountain system with running water' and equipped rest points for passers-by.

The projects of regeneration in the city's suburbs gives important parts of the city back, parts of its own historic-architectural patrimony, and allows for the realisation of interconnected multipurpose centres with what is existing, resulting in new stronger centres.

In the city centre there is a commercial building, a former UPIM store, which used to once be a theatre. Without demolition and with minimal intervention and adaptation the building is filled with new functions and is transformed into a playful series of public spaces to revitalise the heart of the historic centre.

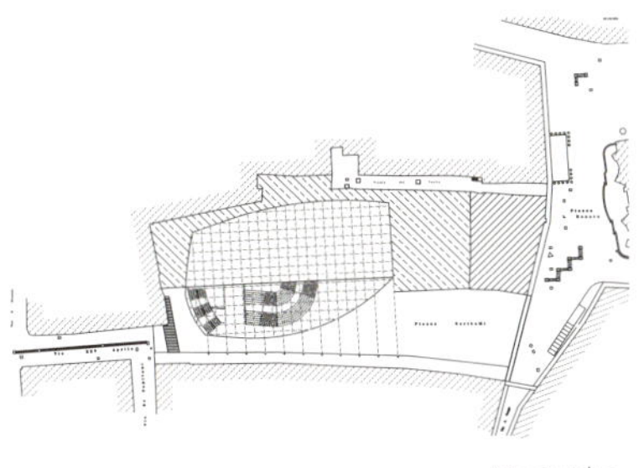

Masterplan

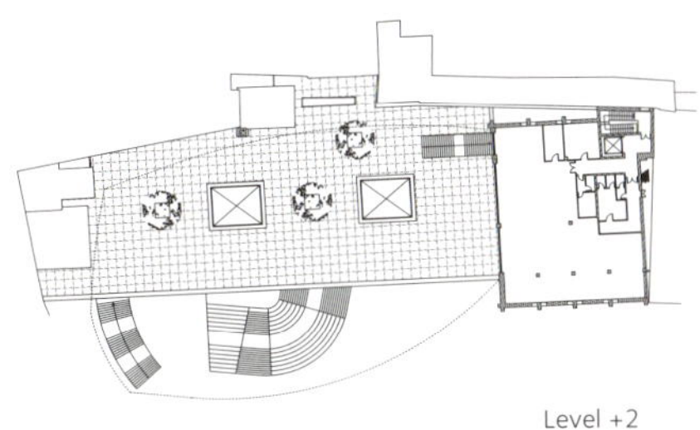

Level +2

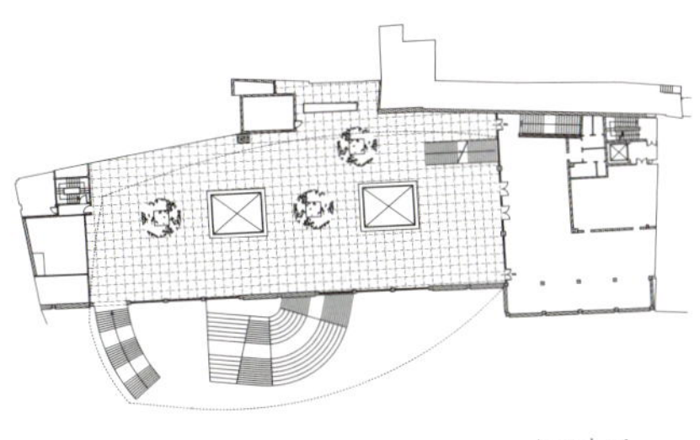

Level +1

Il progetto prevede una ritessitura del sistema delle piazze del centro storico attraverso un nastro in ordito continuo che, interconnettendole, ne ridefinisce i ruoli e ne potenzia le superfici, attraverso un uso sapiente di materiali, verde ed illuminazione. Le piazze divengono anello di congiunzione fra Centro ed edifici. Attraverso un uso consapevole di aperture prospettiche, coni percettivi e piani degradanti, l'ipotesi progettuale valorizza il patrimonio storico presente, implementa il verde, prevede un "sistema-fontana ad acqua corrente" e zone attrezzate per la sosta dei passanti.

Gli interventi di riqualificazione delle zone periferiche restituiscono alla città parti importanti del proprio patrimonio storico-architettonico e consentono di realizzare complessi multifunzionali interconnessi con l'esistente, potenziando nuovi centri.

Nel centro della città c'è un edificio commerciale, ex negozio Upim, anticamente sede di un teatro. Senza prevederne la demolizione e con interventi minimi di adeguamento si riempie l'edificio di nuove funzioni e lo si trasforma in un giocoso insieme di spazi pubblici per rivitalizzare il cuore del centro storico.

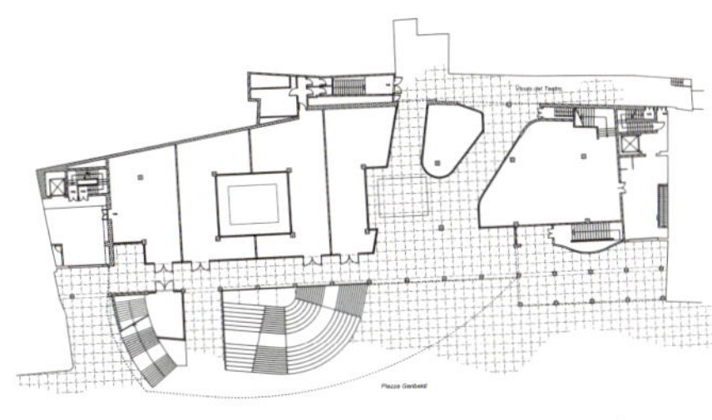

Level 0

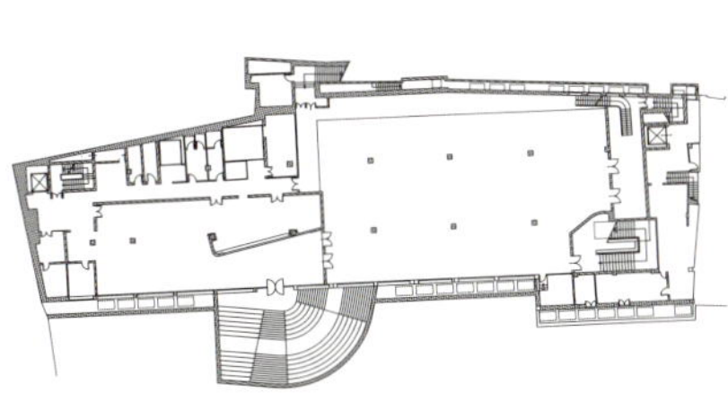

Level -1

Biography

Francesco Coppola is Sicilian by birth, although he has been living in Emilia for more than 30 years. He has always been an architect with wide-ranging interests: from architecture to communication and from graphic arts to design. He puts all of this together with a highly interdisciplinary attitude that, over the years, has led him to diversify his business, which today ranges from urban and private architecture to global communication projects for companies. His most recent projects include the Mercatone Uno Headquarters Tower, a biodynamic wine cellar and two of the foremost urban upgrading projects: 'La Città di Toscanella', a residential complex with an urban park, and the project that was commissioned by the Town of Castel Guelfo in Bologna. He has worked as a design and brand consultant with some of the leading ceramic companies all over the world and he founded the International Study and Experimentation Centre on Ceramics in Imola.

In the publishing field, he devised some specific ceramic publications ('Keramos', 'Artecotta'), as well as the international ceramic review K-Keramos. He has also been a design teacher at the ISIA school in Faenza. He has designed a wide range of industrial products such as furniture, lamps, tiles and mosaics and has patented new systems of prefabricated homes and displays.

This eclectic and varied project model propelled him towards multidisciplinary activities as the basis of the Loop Design Centre, which he founded in 2002 with the ambitious aim of creating a 'hot house' – a sort of *creative greenhouse*: a design centre but also a place of excellence where architects and designers could meet, compare and share their own projects and professional skills.

Francesco Coppola, siciliano di nascita emiliano d'adozione, è sempre stato un architetto con un'ampia gamma d'interessi: dall'architettura alla comunicazione, dalla grafica al design. Ha sempre saputo riunire queste sue attitudini con eclettico spirito multidisciplinare, diversificando nel corso degli anni la sua attività, che oggi spazia dai progetti di riqualificazione urbana all'abitazione privata, dai progetti di edifici produttivi e direzionali fino alla progettazione delle strategie di comunicazione aziendale. Tra i suoi progetti più recenti, la torre sede degli Uffici Direzionali del gruppo Mercatone Uno, una cantina a impronta biodinamica e due progetti di riqualificazione urbana: "La Città di Toscanella", un complesso residenziale con parco urbano, e il progetto commissionatogli dal Comune di Castel Guelfo di Bologna per la riqualificazione del proprio centro storico. Coppola ha lavorato sia come progettista della comunicazione sia come consulente per le strategie di comunicazione per alcune delle più note aziende ceramiche a livello internazionale ed è stato il creatore del Centro Internazionale di Studi Sperimentazione sulla Ceramica con sede a Imola.

Nel settore editoriale, è stato l'ideatore di alcune pubblicazioni specifiche per il settore ceramico, come i volumi "Keramos" e "Artecotta", così come della Rivista Internazionale di ceramica "K-Keramos". Ha anche assunto per un anno l'incarico per la cattedra di Disegno Industriale presso l'ISIA di Faenza. Ha disegnato un'ampia gamma di prodotti industriali come mobili, mosaici, e ha brevettato un nuovo sistema di abitazioni prefabbricate e di display espositivi.

Questa attività progettuale così eclettica e variegata è stata la forza propulsiva del Loop Design Centre, che ha fondato nel 2002 con l'ambizioso scopo di dar vita a una vera "*hot house*", una sorta di "*serra creativa*": un centro design ma anche un luogo d'eccellenza in cui architetti e designer potessero incontrarsi, confrontarsi e condividere i propri progetti e i propri talenti.

Project Review

Casa Gialla, Guidaloca (Trapani), Italy

Project description	House at the sea (renovation of existing building)
Status	1977/1980
Client	Private
Gross floor area	350 square metres

Ceramiche D'Imola, Imola (BO), Italy

Project description	Renovation of an 19th Century glassworks. Recovery of the building and conversion into offices and showrooms.

The historic building of Imola Ceramics was a former glassworks. The business was founded in 1874 producing crockery in maiolica and ceramic tiles.

The project took place in the building and consisted of the removal of five of the walls on the ground level, abandoned rooms destined for storage, and the recovery of walls and original arches in red brick. The transformation of rooms into showrooms and exhibition rooms allowed for the regeneration of the complex's central courtyard, with a large skylight, and gave new purpose to spaces originally designed as work environments. The creation of windows with iron frames allowed for the creation of a long portico on the front.

Status	1982
Client	Ceramiche D'Imola
Gross floor area	1200 square metres

Ceramiche D'Imola, Imola (BO), Italy

Project description	Design of the logo and corporate image
Status	1983
Client	Ceramiche D'Imola

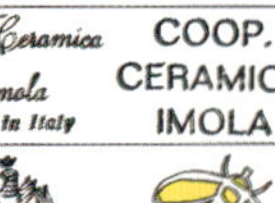

Ceramiche D'Imola, Imola (BO), Italy

Project description	Design and construction of fair stands and showrooms
Status	1983/1986
Client	Ceramiche D'Imola

Seltz, prefabrication system, Imola (BO), Italy

Project description	SELTZ metal prefabrication system (patented)
Status	1983
Client	Met
Gross floor area	58 square metres

Koso, joint, Imola (BO), Italy

Project description	KOSO Joint for display systems
Status	1983
Client	Met

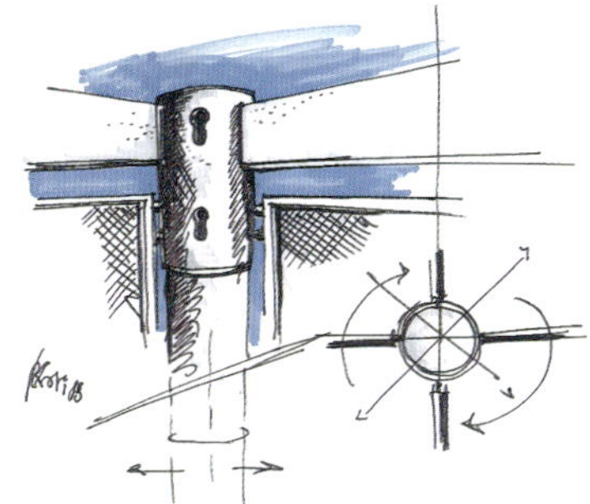

Ceramiche D'Imola, Imola (BO), Italy

Project description	YOKO ceramic tile design
Status	1983
Client	Ceramiche D'Imola

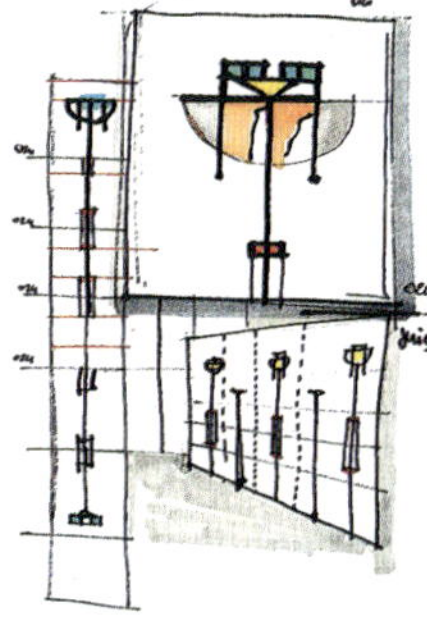

Urbis, Milano, Italy

Project description	New Design Exhibition. Eleven projects in ceramic tiles. Urbis: each tile has its own autonomy and can be proposed for different uses. Each element, in its formal structure, is more than a tile, it is a form to be composed. It becomes a moulding, compositional element of architecture. The decoration is inside, hidden.It exhibits itself only if it is sought after or in its own reflection.
Status	1985
Client	Museo della Scienza e della Tecnica, Milano
Project team	Giampaolo Bertozzi e Stefano Casoni

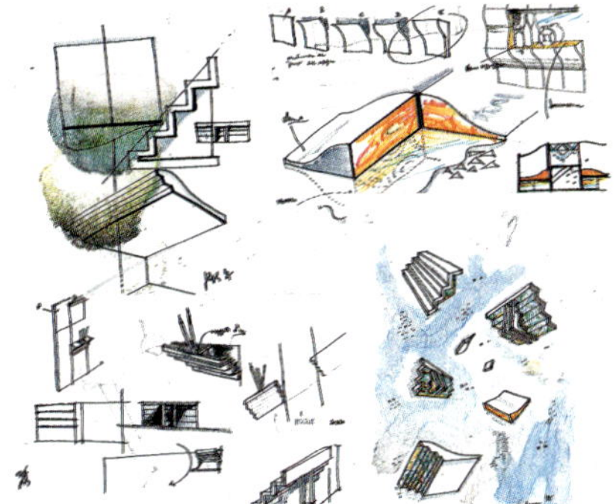

Ceramiche D'Imola, Imola (BO), Italy

Project description	QAMIS ceramic tile design in single firing
Status	1984
Client	Ceramiche D'Imola

Ceramiche D'Imola, Imola (BO), Italy

Project description	"PROGETTO 110" includes in its definition a large number of events that the company organised in order to underline and promote its presence in its various areas of interest, for the occasion of the hundred and tenth anniversary of its constitution.

All these events were solely inspired by ceramics, its forms of expression and history.

The radical innovation of the company's ways of communication and display put the company in a completely new dimension: its communication strategy moved away from any usual form, choosing ways that were new and unprecedented, not only in the field of ceramics.

The whole set of events (that concerned publishing, arts, research and shows) made it the first company in its sector, in 1984, thanks to its ability to convey the company's identity in an innovative way.

Among the various events, there were two publications:

KERAMOS: ceramics analysed from various aspects.
Projects by Galasso, Mazzetti, De Seta, Bignardi, Donatone, Muscarà, Coppola, Foresti, Strati

ARTECOTTA: experimental laboratory for ceramic art.
Works by Baj, Del Pezzo, Fabbri, Chin, Pardi, Pericoli, Pomodoro, Spoldi, Tadini collaborating with Studio Marconi

Status	1984
Client	Ceramiche d'Imola

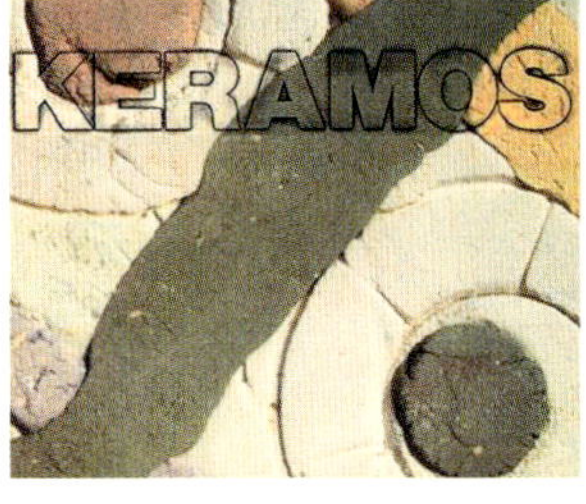

Ceramiche D'Imola, Imola (BO), Italy

Project description	Renovation of places to house the headquarters of the International Centre for study and experimentation in Ceramics
Status	1985
Client	Ceramiche d'Imola
Gross floor area	600 square metres

International Centre for the Studies and Experimentation on Ceramics, Imola (BO), Italy

Project description	Creation and management of the centre that today represents the only example of ceramic works by internationally known contemporary artists
Status	1985/1986
Client	Ceramiche d'Imola
Gross floor area	600 square metres

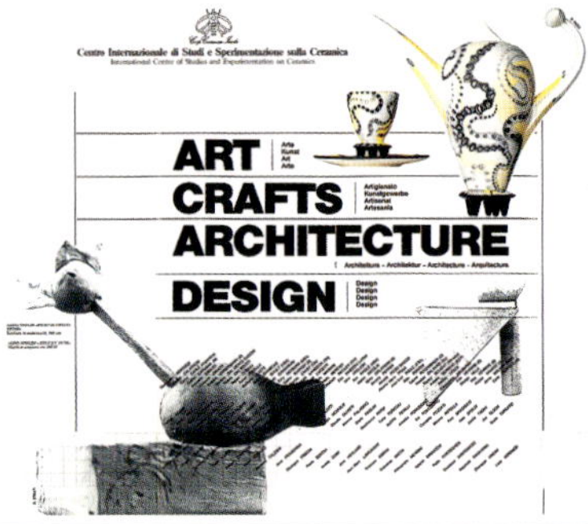

Invece Review, Milano, Italy

Project description	Review by critics of design, construction, editorial management, graphic design with Rosanna Veronesi and Alberto M.Prina
Status	1986
Client	KATA' Edizioni, Milano

Tam Tam, Verona, Italy

Project description	Ceramic table with inlaid wood
Status	1986
Client	Abitare il Tempo Exhibition, Verona
Project team	Giampaolo Bertozzi e Stefano Casoni

Exhibition stands and showrooms

Project description	Consultant for the major producers of ceramics: Acit, Bimarmi, Cecrisa International (Brazil), Cedir, Ceramiche Brunelleschi, Cercom, Cerim, CMC Monoceram, Compagnia dell'Oro, Cottoruga Il Ferrone, Floor Gres, La Fabbrica di Faenza, Sant'Agostino, Seieffe Industrie.
Status	1986/2008
Client	Various

Hotel Molino Rosso, Imola (BO), Italy

Project description	Interior design. Restaurant, Meeting room, Swimming pool
Status	1988
Client	Hotel Molino Rosso
Project team	Antonio Gasparri
Gross floor area	8200 square metres

K-Keramos Review, Milano, Italy

Project description	International ceramics review
	Concept, Management and Graphic Design
Status	1988/1991
Client	Alberto Greco Editore, Milano
Project team	Navalia

Hotel Monte del Re, Dozza (BO), Italy

Project description	Interior design and swimming pool
Status	1988
Client	Hotel Monte del Re
Project team	Antonio Gasparri
Gross floor area	3800 square metres

Showroom, Boston, USA

Project description	Internal and external design and fitting out
Status	1988
Client	Tile Creations
Gross floor area	300 square metres

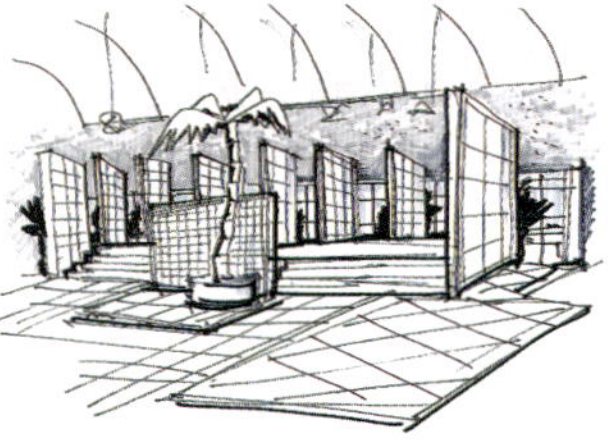

Cecrisa s.a., Brazil

Project description	Design of the logo and corporate image.
	Showrooms and exhibition stands
Status	1989/1990
Client	Cecrisa s.a., Brazil

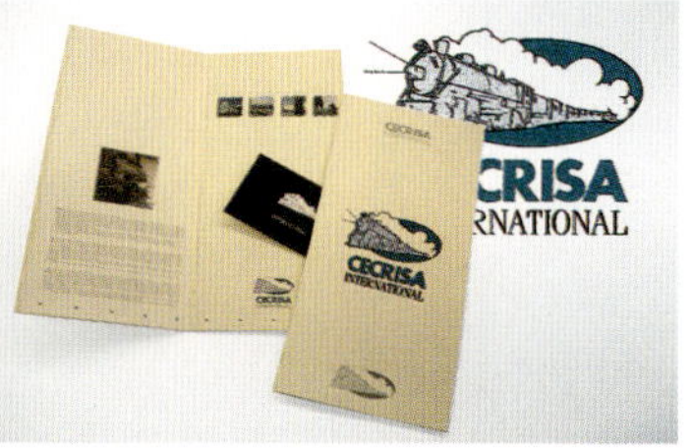

WTEC Award, Chicago, USA

Project description	Booth Design, Prize for the best fitting
Status	1989
Client	Cecrisa International
Gross floor area	300 square metres

Bank Branches, Italy

Project description	Interior design of bank branches. Design of the logo and corporate image (Palermo, Trapani, Mazara del Vallo, Alcamo, Balestrate, Partinico, Castellamare del Golfo)
Status	1990/1993
Client	Don Rizzo Bank
Gross floor area	total: 1800 square metres

Joe, display

Project description	Mobile display system in metal and glass, with wheels and cables (patented)
Status	1991
Client	Met

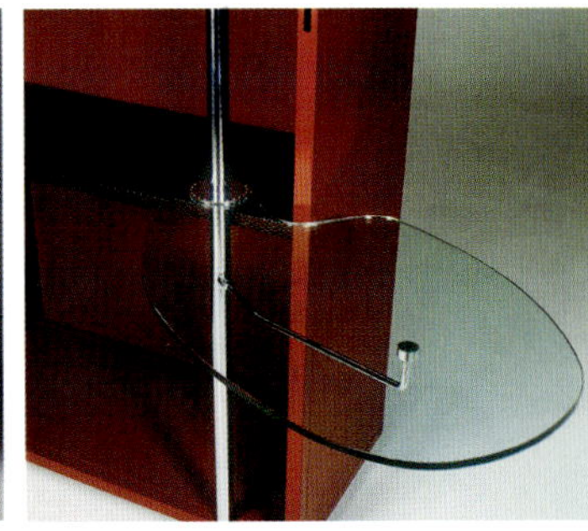

Tip Tap, tile display

Project description	"Tip Tap" tile display (patented)
Status	1991
Client	Casetti

De Vivo Headquarters, Potenza, Italy

Project description	Project of offices and showrooms
Status	1994/2001
Client	De Vivo
Project team	Raffaele Cirelli
Gross floor area	2300 square metres

Ayrton Senna Memorial, Imola (BO), Italy

Project description	"Ayrton Senna Memorial", plan for the creation of a multimedia space
Status	1995
Client	Aci-Automobile Club Italia
Gross floor area	1400 square metres

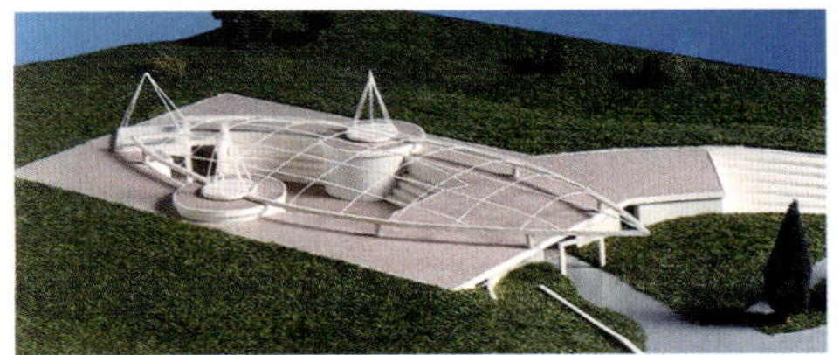
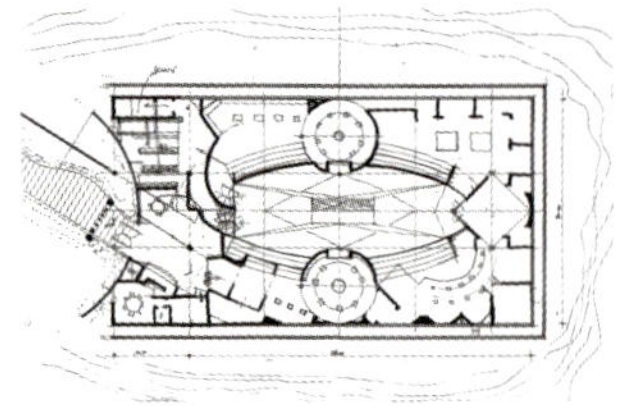

M1 Headquarters, Imola (BO), Italy

Project description	Design and construction of the group's executive centre
Status	1997/2001
Client	Mercatone Uno Services Spa
Project team	Antonio Gasparri, Andrea Ricci Bitti, Stefano Gambi
Gross floor area	5900 square metres

 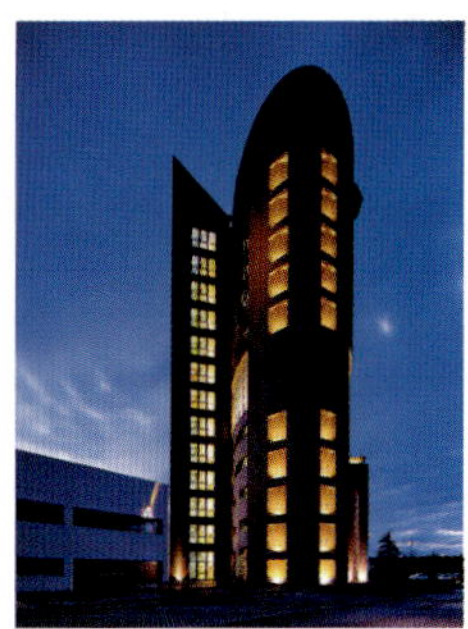

Città di Toscanella, Toscanella di Dozza (BO), Italy

Project description	Masterplan and Architectural project for new residential neighbourhood and urban park
Status	2000/2012
Client	Fincen
Project team	Antonio Gasparri e Andrea Ricci Bitti
Gross floor area	46000 square metres

Town Hall, Toscanella di Dozza (BO), Italy

Project description	Architectural project for new town hall
Status	2000/2002
Client	Dozza Council (BO)
Project team	Antonio Gasparri e Andrea Ricci Bitti
Gross floor area	2100 square metres

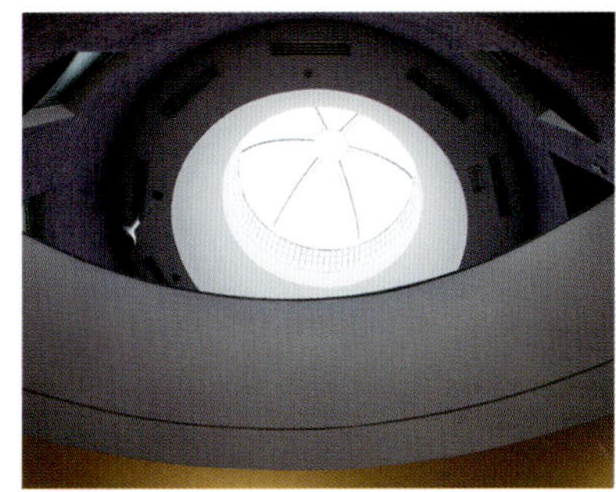

Loop Design Centre, Castel S.Pietro Terme (BO), Italy

Project description	Renovation project of a former Agricultural Consortium.
	Loop Design Centre: centre for operations and research in architecture, design and communication.
Status	2000/2002
Client	Navalia
Project team	Antonio Gasparri e Andrea Ricci Bitti
Gross floor area	2300 square metres

Light

Project description	Light with two colour beam. Designed together with Targetti
Status	2002
Client	Loop Design Centre
Project team	Luca Turrini

 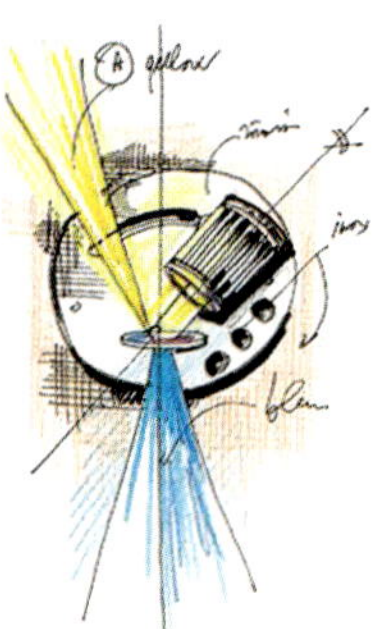

Light

Project description	Light designed together with Targetti for Loop Design Centre
Status	2002
Client	Loop Design Centre
Project team	Luca Turrini

Private house, Castel S. Pietro Terme (BO), Italy

Project description	Renovation of house and hayloft
Status	2002
Client	Private
Gross floor area	288 square metres

Polis Urban Emotion, Bologna, Italy

Project description	Exhibition inside San Mattia's Church, "Polis Urban Emotion"
Status	2002
Client	Palazzo Stella, Loop Design Centre
Project team	Navalia
Gross floor area	800 square metres

Private house, Castel S. Pietro Terme (BO), Italy

Project description	Renovation of house and hayloft
Status	2002/2005
Client	Private
Project team	Antonio Gasparri
Gross floor area	330 square metres

Il Ponte Shopping Centre, Ravenna, Italy

Project description	Extension and restyling of a shopping centre front
Status	2003/2006
Client	Baccarini
Project team	Raffaele Cirelli
Gross floor area	1600 square metres

Industrie Valentini, Rimini, Italy

Project description	The horizontal door. Project on a fifth of a kilometre stretch of motorway
Status	2003 (project)
Client	Valentini Spa
Gross floor area	45600 square metres

Studio Oppici, Bologna, Italy

Project description	Project of a dental practice with day surgery
Status	2000/2002
Client	Dr. Lauro Oppici
Project team	Raffaele Cirelli
Gross floor area	670 square metres

Stand Sirtiles, Bologna, Italy

Project description	Cersaie, exhibition stand
Status	2003
Client	Sirtiles
Project team	Navalia
Gross floor area	130 square metres

Oberosler Hotel, Madonna di Campiglio, Italy

Project description	Restyling plus extension of a hotel
Status	2003 (project)
Client	Private

Motorshow, Castel S. Pietro Terme (BO), Italy

Project description	Fitting out for presentation event
Status	2003 (project)
Client	Loop Design Centre
Project team	Navalia
Gross floor area	300 square metres

Idea Shops, Italy

Project description	Concept, fitting out, corporate image. New chain of shops
Status	2005/2007
Client	Mercatone Uno Services Spa
Project team	Navalia
Gross floor area	Various locations

Montecanale, Castel Guelfo (BO), Italy

Project description	Residential centre, commercial and guest quarters (block 2)
Status	2004/2008
Client	Montecanale srl
Project team	Andrea Trevisan
Gross floor area	5600 square metres

Project description	Residential centre, commercial and guest quarters (block 3)
Gross floor area	2400 square metres

Lapo Gallery Shops, Italy

Project description	Lapo Galleri Fashion shops.
Status	2005/2006
Client	Mercatone Uno Services Spa
Project team	Navalia
Gross floor area	Various locations

Femi, Castel S.Pietro Terme (BO), Italy

Project description	Restyling project for the front of the main offices, showroom. Interior design
Status	2005
Client	Femi Spa
Gross floor area	1200 square metres

Atei Stand, Londra, Inghilterra

Project description	ATEI trade fair. Alberici exhibition stand
Status	2005
Client	Alberici Spa
Project team	Navalia
Gross floor area	80 square metres

HMR Multipurpose Centre, Imola (BO), Italy

Project description	Project for hotel, offices and residential area
Status	2005/2009 (project)
Client	Molino Rosso Hotel
Project team	Andrea Trevisan
Gross floor area	42,700 square metres

From a Village to a Complete City, Castel Guelfo (BO), Italy

Project description	Strategic plan for Castel Guelfo Council
Status	2005/2006
Client	Castel Guelfo Council (BO)
Project team	Navalia

Studio Checchi, Bologna, Italy

Project description	Project for a dental practice
Status	2003/2005
Client	Prof. Luigi Checchi
Project team	Maccaferri, Raffaele Cirelli
Gross floor area	280 square metres

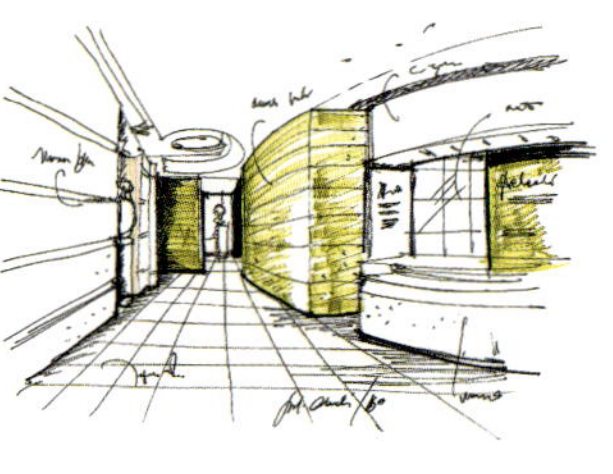

M1 Guest Quarters, Imola (BO), Italy

Project description	Project of a tower building for guest quarters
Status	2006 (project)
Client	Mercatone Uno Services Spa
Project team	Oikelios Studio
Gross floor area	2500 square metres

Forum, Castel S.Pietro Terme (BO), Italy

Project description	Strategic plan and design of building for executive use and a health spa
Status	2007/2008 (project)
Client	Anusca
Project team	Andrea Trevisan
Gross floor area	12,000 square metres

Bestseller, Bejing, China

Project description	Design and fitting out of offices, interior design
Status	2007
Client	Bestseller China
Project team	Christian Tassinari
Gross floor area	9000 square metres

Private house, Castel S.Pietro Terme (BO), Italy

Project description	Interior design of dwelling
Status	2007/2008
Client	Private
Project team	Andrea Trevisan, Mauro Mirri
Gross floor area	800 square metres

è Oro Shops, Italy

Project description	e' Oro, Jewellery chain store
Status	2007/2012
Client	Mercatone Uno Services Spa
Project team	Raffaele Cirelli, Andrea Trevisan
Gross floor area	Various locations

Studio Gaeta, Avellino, Italy

Project description	Design and fitting out of dental practice. Interior design
Status	2007/2008
Client	Dr. Carlo Gaeta
Project team	Raffaele Cirelli
Gross floor area	160 square metres

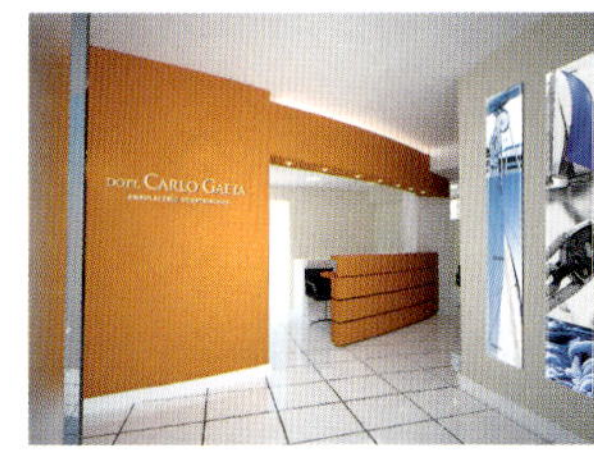

Il Borgo, Castel S. Pietro Terme (BO), Italy

Project description	Competition for ideas for the design of an urban area, destined to be residential
Status	2007
Client	Competition for ideas
Project team	Andrea Trevisan
Gross floor area	14,300 square metres

Imola Foodstore, Imola (BO), Italy

Project description	Concept shop for local food products
Status	2007 (project)
Client	Hotel Molino Rosso
Project team	Andera Trevisan
Gross floor area	430 square metres

Saicis Showroom, Maranello (MO), Italy

Project description	Design and fitting out of a tile showroom
Status	2007
Client	Saicis Spa
Project team	Navalia
Gross floor area	860 square metres

Loft – Residence and Hotel, Granarolo (BO), Italy

Project description	Renovation of an industrial structure as residential area and hotel
Status	2008 (project)
Client	Private
Project team	Andrea Trevisan
Gross floor area	18,000 square metres

Shopping Centre, Toscanella di Dozza (BO), Italy

Project description	Shop extension. Design and fitting out
Status	2008
Client	Siel srl
Project team	Navalia
Gross floor area	620 square metres

Bestseller Showrooms, Italy

Project description	Design and fitting out of showrooms in Italy. Various locations.
Status	2008/2009
Client	Bestseller Italy Spa
Project team	Andrea Trevisan, Navalia
Gross floor area	2900 square metres

Organic and Biodynamic Agricultural Centre, Gaiana (BO), Italy

Project description	Design and industrial structural renovation for the creation of an organic and biodynamic agricultural centre.

The project was the converting an old industrial building from the fifties, used recently in farming.

The unusual star shape inspired the ray organisation of the space, both for vehicle traffic and pedestrian.

Taking the first projects in the garden city in the USA (Greenbelt in Maryland 1935, Catham Village Pittsburg Pennsylvania 1931 or, more recently Subway Suburb Stern 1976) as a reference point, the existing buildings will be transformed, maintaining their formal identities to create temporary and permanent exhibition spaces for organic products or products that come from biodynamic cultivation.

The terrain will be subdivided into 1000 square metre lots, on which housing is to be built, a total of 60 units.

It sets up an Agricultural Community with private spaces and public areas, including a building that houses a regeneration business, open to the public.

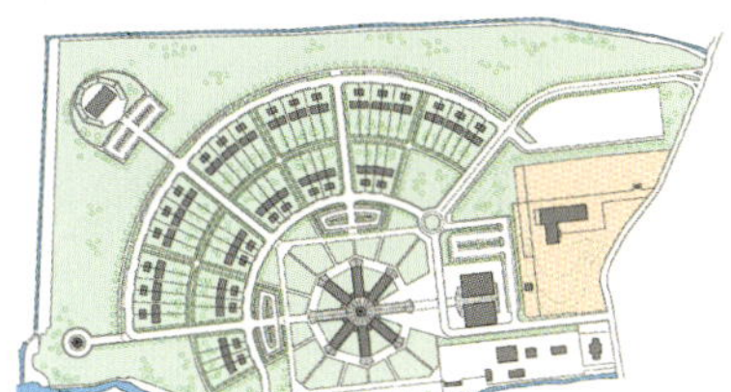

Status	2007/2008 (project)
Client	Private
Project team	Andrea Trevisan
Gross floor area	320,000 square metres Residential area: 70,000 square metres Public Parks and Gardens: 216,000 square metres

Tenuta Biodinamica Mara, S.Clemente (RN), Italy

Project description	New construction design for an agricultural business centre including hypogeum cellar and various building and services
Status	2008/2011 (project)
Client	Tenuta Biodinamica Mara
Project team	Elena Vaccarotto, Umberto De Carolis
Gross floor area	4200 square metres

Private studio, Bologna, Italy

Project description	Design of professional practice. Interior design
Status	2009
Client	Studio Niccoli
Project team	Elena Vaccarotto
Gross floor area	120 square metres

Tre Stelle Shopping Spaces

Project description	Design and shop fit-out
Status	2009/2010
Client	Mercatone Uno Services Spa
Project team	Raffaele Cirelli
Gross floor area	3500 square metres

Urban Plan, Treviglio (BG), Italy

Project description	Studio for a project methodology for the town of Treviglio and the regeneration of urban spaces
Status	2009/2011
Client	Treviglio Council (BG)
Project team	Navalia, Elena Vaccarotto

Private house, Alcamo (TP), Italy

Project description	Residential extension and renovation
Status	2010/2012
Client	Private
Project team	Elena Vaccarotto
Gross floor area	400 square metres

Alberici Headquarters, Castel S. Pietro Terme (BO), Italy

Project description	New production plant and business headquarters
Status	2010/2012
Client	Alberici spa
Project team	Andrea Trevisan, Mauro Mirri
Gross floor area	11,200 square metres

Former Burgo Paper Mill, Marzabotto (BO), Italy

Project description	Redevelopment of area including former paper mill, Burgo. Plans include educational, commercial and residential areas
Status	2011
Client	Burgo Paper Mill
Project team	Andrea Trevisan
Gross floor area	34,000 square metres

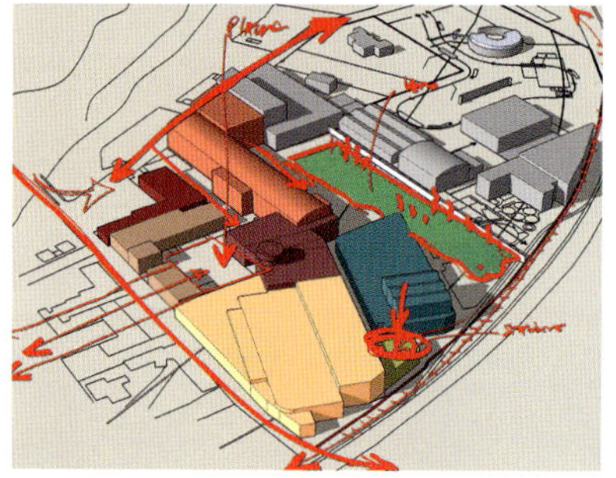

Shoes Shop, Imola (BO), Italy

Project description	Design and fitting out of a shoe shop
Status	2011
Client	FeHo
Project team	Andrea Trevisan
Gross floor area	150 square metres

Bestseller Showroom, Castel S.Pietro Terme (BO), Italy

Project description	Extension business headquarters, design and fitting out of showrooms and offices
Status	2011/2012
Client	BS Property spa
Project team	Andrea Trevisan
Gross floor area	7700 square metres

Sculpture, S.Clemente (RN), Italy

Project description	Sculpture design for roundabout
Status	2011
Client	San Clemente Council (RN)
Project team	Elena Vaccarotto

Mec 3, S.Clemente (RN), Italy

Project description	Creation of school, research laboratories and offices; extension of business headquarters
Status	2011
Client	Optima srl
Project team	Umberto De Carolis, Elena Vaccarotto
Gross floor area	16,500 square metres

RGM Technical Office, Bologna, Italy

Project description	Interior design
Status	2012
Client	Robert Mazzoni
Project team	Navalia
Gross floor area	60 square metres

Building Restyling, S.Clemente (RN), Italy

Project description	Restyling of manufacturing company building
Status	2012
Client	Optima srl
Project team	Elena Vaccarotto, Michela Rizzi

Marconi Airport, Bologna, Italy

Project description	Signage system
Status	2012
Client	NOS
Project team	Navalia, Luminosa

This volume only partially documents Francesco Coppola's design ventures. Only significant or interesting projects were chosen by the designer himself.
Some projects have been excluded, including internationally renowned and long collaborations due to the specific choices of the author.

Alberto Maria Prina (Milan, Italy, 1941), completed a high school diploma
in Art and Studies at the Brera Academy in Milan with Alik Cavaliere and has
worked as a graphic artist, industrial designer and journalist. He has been an
editor-in-chief of several trade magazines such as *Area, Dossier Habitat* and
Urban design, and he has planned and managed exhibitions and conferences
in Italy and around the world. He is currently the professor in charge in the
faculty of Industrial Design at the Brera Fine Art Academy.

Photography Credits

Fabio Baraldi: pp. 1, 49, 53, 60, 61, 64, 67, 69, 71, 72, 74, 76, 77, 80, 81, 82,
129, 130 (right), 131, 132
Alice Coppola: cover, pp. 19, 22, 24–25, 26, 28, 31, 35, 36, 38–39, 41, 97,
100, 101, 102–103, 105, 107, 110, 111, 112, 113, 114, 115,
117,119, 121, 122, 123, 124, 125, 127, 128, 130 (left), 133,
161, 163, 165, 204
Daniele Domenicali: pp. 62, 145, 168, 196
Stefano Gambi: pp. 40 (top)
Gabriella Lungo: pp. 181, 183, 184, 201, 202
Giulio Mannino: pp. 75, 83
Maurizio Polverelli: pp. 153
Bernardo Ricci: pp. 23, 40 (bottom)
Rolando Strati: pp. 7, 9, 11
Mario Sturaro: pp. 92, 93, 94, 95
Luca Turrini: pp. 108, 109
All remaining photos are by Author's Studio

Drawings Credits
Paola Vacchi: pp. 93, 101, 104, 110
Author's drawings

©Text: Francesco Coppola, Alberto Maria Prina

Graphic Layout: Michela Rizzi/Navalia Design and Creative Consultants

Translation: Paul Gummerson